APRENDIZAGEM MATEMÁTICA E INCLUSÃO SOCIAL

PRÁTICAS INCLUSIVAS PARA UMA ESCOLA REFLEXIVA

Editora Appris Ltda.
1.ª Edição - Copyright© 2023 da autora
Direitos de Edição Reservados à Editora Appris Ltda.

Nenhuma parte desta obra poderá ser utilizada indevidamente, sem estar de acordo com a Lei nº 9.610/98. Se incorreções forem encontradas, serão de exclusiva responsabilidade de seus organizadores. Foi realizado o Depósito Legal na Fundação Biblioteca Nacional, de acordo com as Leis nos 10.994, de 14/12/2004, e 12.192, de 14/01/2010.

Catalogação na Fonte
Elaborado por: Josefina A. S. Guedes
Bibliotecária CRB 9/870

S232a
2023

Santana, Liege Maria Ferreira
　　Aprendizagem Matemática e Inclusão Social: práticas inclusivas para uma escola reflexiva / Liege Maria Ferreira Santana.
　　1. ed. – Curitiba : Appris, 2023.
　　175 p. ; 23 cm. (Ensino de ciências)

　　Inclui referências.
　　ISBN 978-65-250-4678-5

　　1. Matemática. 2. Conhecimento e aprendizagem. 3. Inclusão escolar. 4. Interação Social. I. Título.

CDD – 510

Livro de acordo com a normalização técnica da ABNT

Appris
editora

Editora e Livraria Appris Ltda.
Av. Manoel Ribas, 2265 – Mercês
Curitiba/PR – CEP: 80810-002
Tel. (41) 3156 - 4731
www.editoraappris.com.br

Printed in Brazil
Impresso no Brasil

LIEGE MARIA FERREIRA SANTANA

APRENDIZAGEM MATEMÁTICA E INCLUSÃO SOCIAL

PRÁTICAS INCLUSIVAS PARA UMA ESCOLA REFLEXIVA

FICHA TÉCNICA

EDITORIAL	Augusto V. de A. Coelho
	Sara C. de Andrade Coelho
COMITÊ EDITORIAL	Marli Caetano
	Andréa Barbosa Gouveia - UFPR
	Edmeire C. Pereira - UFPR
	Iraneide da Silva - UFC
	Jacques de Lima Ferreira - UP
SUPERVISOR DA PRODUÇÃO	Renata Cristina Lopes Miccelli
ASSESSORIA EDITORIAL	Nicolas da Silva Alves
REVISÃO	Camila Moreira
PRODUÇÃO EDITORIAL	Nicolas da Silva Alves
DIAGRAMAÇÃO	Bruno Ferreira Nascimento
CAPA	Sheila Alves
REVISÃO DE PROVA	Katine Walmrath
	William Rodrigues

COMITÊ CIENTÍFICO DA COLEÇÃO ENSINO DE CIÊNCIAS

DIREÇÃO CIENTÍFICA Roque Ismael da Costa Güllich (UFFS)

CONSULTORES
- Acácio Pagan (UFS)
- Gilberto Souto Caramão (Setrem)
- Ione Slongo (UFFS)
- Leandro Belinaso Guimarães (Ufsc)
- Lenice Heloísa de Arruda Silva (UFGD)
- Lenir Basso Zanon (Unijuí)
- Maria Cristina Pansera de Araújo (Unijuí)
- Marsílvio Pereira (UFPB)
- Neusa Maria Jhon Scheid (URI)
- Noemi Boer (Unifra)
- Joseana Stecca Farezim Knapp (UFGD)
- Marcos Barros (UFRPE)
- Sandro Rogério Vargas Ustra (UFU)
- Silvia Nogueira Chaves (UFPA)
- Juliana Rezende Torres (UFSCar)
- Marlécio Maknamara da Silva Cunha (UFRN)
- Claudia Christina Bravo e Sá Carneiro (UFC)
- Marco Antonio Leandro Barzano (Uefs)

À Mariana e ao Gabriel, filhos amados;
Às escolas "Sol" e "Vida", que nos acolheram para esta experiência;
A todos os que se sentem ou sentiram-se, um dia, excluídos.

AGRADECIMENTOS

A Deus, por me possibilitar viver e compartilhar essa vida;

A Renato, companheiro de tantos encontros, presença e apoio constantes;

À professora Denise Meirelles, pela disponibilidade para uma leitura atenta, antes e agora, em seu compromisso com a inclusão, o rigor acadêmico e com as instituições públicas;

Às professoras Circe Dinnykov e Vânia Santos, orientadoras queridas;

À Jaqueline Domingues, pelo olhar de experiente professora reflexiva de séries iniciais;

Ao querido sobrinho André Colares, pela ajuda na melhoria das imagens;

À Terezinha Schuschter, amiga-irmã incentivadora;

Ao amigo professor Júlio Francelino, "abridor" de caminhos;

Àqueles que, de uma forma ou de outra, sempre estiveram por perto, muita gratidão.

Centrar as causas do fracasso escolar em qualquer segmento que, na verdade, é vítima, seja a criança, a família ou o professor, nada constrói, nada muda. Imobilizante, constitui um empecilho ao avanço das discussões, da busca de propostas possíveis imediatas e a longo prazo, de transformações da instituição escolar e do fazer pedagógico.

(Collares e Moysés)

APRESENTAÇÃO

Passadas mais de duas décadas da realização desta experiência em uma escola da rede municipal de Vitória, Espírito Santo, o presente relato pretende oferecer aos professores e profissionais envolvidos com a educação uma reflexão sobre as questões que permeiam o cotidiano da escola, no tocante à sua essência: situações de aprendizagem dos conteúdos e conceitos, neste caso, relacionados à Matemática. Entretanto, essas reflexões estão para além do conhecimento matemático porque, ao final da intervenção, os resultados do trabalho também se estenderam para a aquisição da leitura, possibilitando que crianças que não liam e/ou não dominavam as noções do campo conceitual das estruturas aditivas a lessem, ao mesmo tempo em que avançaram em suas capacidades de resolver problemas desse campo.

Mas a justificativa de eleger a Matemática como objeto de estudo e foco da intervenção com as crianças coincide em muito com minha história pessoal. Como aluna do ensino fundamental (1º grau, nas décadas de 1970 e 1980) com baixa visão, meu rendimento escolar em Matemática oscilava de acordo com o tamanho da letra do professor que ensinava. Assim, se a letra fosse em tamanho que eu conseguia enxergar no quadro, meu aproveitamento ao final do bimestre era alto, chegando a 100%. Caso contrário, ou seja, se a letra fosse pequena, a aprendizagem era sempre abaixo da média. Esses acontecimentos remetem a um período em que as políticas de inclusão educacional não existiam. Nesse caso específico, a origem da não aprendizagem era pontual, de deficiência física, e seria de fácil solução, caso houvesse interesse e disponibilidade dos professores e equipe técnica em garantir materiais em tamanhos adequados à leitura.

Entretanto, à medida que o acesso à escola pública se ampliou, os olhares dos educadores para a inclusão das crianças com necessidades educacionais especiais se expandiram, principalmente a partir da década de 1990.

Este estudo deparou-se com uma situação preocupante. Nas escolas estudadas, os professores e técnicos apontaram 30% de crianças cujas capacidades de aprendizagem estavam comprometidas. Não havia, entretanto, laudos ou relatórios comprobatórios de deficiências que justificassem esse mau rendimento.

Por outro lado, nas duas escolas em que ocorreu a intervenção, o nível de aprendizagem das crianças em relação aos desafios apresentados se diferenciou muito. Ou seja, na escola "Sol", na qual se realizou o projeto-piloto, localizada no campus da universidade, contexto em que o acesso à cultura das letras é maior, o rendimento das crianças era bem superior na capacidade de resolução dos problemas em comparação ao das crianças da escola "Vida", na qual se realizou a pesquisa posteriormente.

Essas constatações, assim como o resultado da própria intervenção, serão detalhadas nos capítulos seguintes.

O capítulo 1 situa o leitor quanto às questões pessoais e coletivas que envolvem o fracasso escolar, a patologização e a medicalização na escola e na vida, bem como a resolução de problemas matemáticos como principal estratégia metodológica da intervenção.

Os capítulos 2, 3 e 4 falam de uma teia de conhecimentos necessários ao professor reflexivo, a fim de promover aprendizagens matemáticas com seus alunos. Mostram as ideias de Piaget, Vygotsky e Vergnaud sobre a evolução do psiquismo e da construção dos conceitos científicos e matemáticos, a importância da linguagem e da socioafetividade na aprendizagem, ilustrados com um exemplo concreto de utilização da calculadora em sala de aula.

No breve capítulo 5, as quatro crianças da escola "Sol" protagonizam a curta e intensa experiência de dialogar com e sobre os problemas matemáticos e as concepções embrenhadas em suas práticas.

Os capítulos 6, 7 e 8 referem-se à intervenção na escola "Vida" englobando reflexões sobre a *práxis psicopedagógica* que envolveu os 23 encontros de muitas aprendizagens. O conceito de *práxis psicopedagógica* define minha atuação dentro da escola e engloba as atividades propostas, a interlocução com as crianças, a equipe técnica e os professores, bem como as estagiárias que me acompanharam, validando a intervenção desta pesquisa-ação, em um emaranhado de trocas e vivências de aprendizagens socioafetivas e intelectuais.

O capítulo 9 elenca algumas conclusões e proposições, pautando-se no conceito de *superação* da crítica, apontado por Paulo Freire nas páginas iniciais deste livro.

A autora

PREFÁCIO

No final dos anos de 1990, Liege Santana adentrava o Programa de Pós-Graduação em Educação da Universidade Federal do Espírito Santo. Interessava-se pela área de Educação Matemática e pela problematização do fracasso escolar, pela patologização e pela medicalização na escola e na vida. No seu entendimento, a resolução de problemas matemáticos constituía-se em potente estratégia metodológica da intervenção com os alunos que apresentavam maiores dificuldades escolares, nos anos iniciais do ensino fundamental.

Rapidamente, Liege transformou tais princípios em seus objetivos de pesquisa. Lembro-me da defesa brilhante de seus interesses acadêmicos. A então mestranda trilhou os caminhos para realizar uma pesquisa-intervenção, dando início, por meio de um estudo-piloto e, posteriormente, mediante aprendizados iniciais, a uma proposta de pesquisa-ação. O território de estudo era uma escola da periferia urbana, localizada em um espaço bastante improvisado.

Passados cerca de 20 anos da finalização da dissertação, vejo-me outra vez implicada com Liege, lendo, agora, o livro construído com base na dissertação, intitulado *Aprendizagem matemática e inclusão social: práticas inclusivas para uma escola reflexiva*.

Por que esperar tanto? A autora nos diz que há um tempo de produção e que foram as próprias experiências profissionais como professora de ensino superior e psicopedagoga e as mudanças conjunturais no Brasil que a ajudaram a pensar a publicação. A Educação, significada como direito, é **assumida como** eixo **orientador**: "Aprender Matemática é direito de todos e todas".

A autora nos ensina que

> [...] os relatos contidos nesta obra dizem respeito a um trabalho psicopedagógico, realizado na escola pública, há mais de duas décadas. A publicação foi uma iniciativa movida pela permanência dos altos índices de fracasso das crianças na aprendizagem da Matemática, nos anos escolares iniciais, ainda hoje.

Trata-se de uma releitura da dissertação e das experiências profissionais nesse momento agravado pela pandemia da Covid-19. Liege sente-se motivada a socializar as suas práticas pedagógicas com os leitores, especialmente com professores das séries iniciais do ensino fundamental, em razão de o "fracasso escolar" continuar sendo foco das preocupações educacionais. É um momento de acirramento dos prejuízos para as camadas mais pobres da população.

Este livro nos interroga em vários sentidos. Eram e continuam sendo consideradas as diferenças dos alunos nos processos de aquisição do conhecimento? Atribui-se ainda aos alunos os rótulos de incapazes de aprender? Como são problematizadas as práticas pedagógicas? De forma cuidadosa, ética e questionadora, a autora entra nos meandros da "Escola Vida".

Ela traz as histórias locais e dos alunos envolvidos no estudo, relata as ações escolares de gestores e docentes e desvela as complexas redes familiares, sociais, políticas e culturais do território.

Seu texto tem potência metodológica quando narra os percursos de construção dos caminhos percorridos. Para além, faz um diálogo permanente com o referencial teórico e a literatura sobre o tema.

Os principais resultados narrados no livro desvelam a riqueza das aprendizagens matemáticas e culturais vividas pelos alunos na escola. Desvela também uma questão muito sensível: o lugar da escola nessa processualidade.

O texto do livro nos convida a reflexões complexas e desafiadoras sobre o funcionamento intelectual e emocional dos sujeitos aprendizes, a intervenção da escola nesses processos, o propósito de mediação/construção de novas estruturas de pensamentos, saberes e conceitos no desenvolvimento de autonomia social e intelectual.

Coloca em análise a questão: "é possível despatologizar a escola?". Aposta na noção de resolução de problemas como prática norteadora do ensino da Matemática.

Tudo isso encontraremos neste livro, sensível, ético e problematizador. Aqueles que estudam a temática enredada na presente obra encontrarão um estudo de história recente, movimentos educacionais e resistências. Este estudo interessará a professores do ensino fundamental, alunos de graduação e pós-graduação.

Este livro vem em tempos de novas apostas!

Denise Meyrelles de Jesus
Doutora em Educação

LISTA DE ABREVIATURAS E SIGLAS

    CID Código Internacional de Doenças
  Ideb Índice de Desenvolvimento da Educação Básica
  Inep Instituto Nacional de Estudos e Pesquisas Educacionais Anísio Teixeira
  MEC Ministério da Educação
   PEI Programa de Enriquecimento Instrumental
  Saeb Sistema de Avaliação da Educação Básica
  Seme Secretaria Municipal de Educação
Unesco Organização das Nações Unidas para a Educação, a Ciência e a Cultura
Unicef Fundo das Nações Unidas para a Infância

SUMÁRIO

CAPÍTULO 1
APRENDER MATEMÁTICA É DIREITO DE TODOS E TODAS **21**
1.1 A trajetória singular/coletiva do educador em busca da *superação* 27
1.2 Despatologizar a escola 32
1.3 Resolução de problemas como prática norteadora do ensino da Matemática ... 34
    1.3.1 Cinco décadas de muitos problemas 35
    1.3.2 As inovações da segunda metade do século 37
    1.3.3 Diversidade de posições a partir dos anos 1980 39

CAPÍTULO 2
CONSTRUÇÃO SOCIAL DA INTELIGÊNCIA **45**
2.1 A Apropriação dos conceitos no âmbito da evolução do psiquismo 47
    2.1.1 Construção dos conceitos científicos 50

CAPÍTULO 3
GERARD VERGNAUD E OS CAMPOS CONCEITUAIS **53**
3.1 A resolução de problemas e a teoria dos campos conceituais 54

CAPÍTULO 4
LINGUAGEM E SOCIOAFETIVIDADE **67**
4.1 Combinando linguagem e aprendizagem matemática 67
4.2 A dimensão socioafetiva no cotidiano 71

CAPÍTULO 5
A ESCOLA "SOL" **77**

CAPÍTULO 6
A ESCOLA "VIDA" **83**
6.1 A realidade escolar 84
6.2 As Crianças e suas Histórias 88
6.3 As professoras 97
6.4 A Pesquisadora-professora: para além da crítica do trabalho escolar 100

CAPÍTULO 7
INTERVENÇÃO..103
  Problema 1 — Atividade de conhecimento da realidade 104
  Grupo de Problemas 2 — Jogando e construindo o conceito de número 108
  Grupo de Problemas 3 — Desenho, socioafetividade e construção do símbolo . . 116
  Grupo de problemas 4: Situações diversas de adição e subtração —
  do significado à representação 124
  Grupo de Problemas 5 — Reconhecendo e utilizando símbolos matemáticos . . . 129

CAPÍTULO 8
E AGORA? COMO VAI A MATEMÁTICA? 137
  8.1 Socioafetividade e crescimento emocional das crianças 154

CAPÍTULO 9
CONSIDERAÇÕES FINAIS.....................................165

REFERÊNCIAS 169

CAPÍTULO 1

APRENDER MATEMÁTICA É DIREITO DE TODOS E TODAS

O século XXI chegou com novos modos de produzir cultura, por meio do avanço das relações de produção, tendo na tecnologia da informação e da comunicação sua grande aliada na formação/construção de subjetividades. O aumento da riqueza para poucos e da pobreza para muitos continua sendo o pano de fundo desse momento histórico, visitado e revisitado por estatísticas mundiais de fome, miséria, pandemias e exclusão social. A Educação, via escolas, continua tendo importante destaque nesse contexto, servindo como mediadora nas relações, no tocante ao acesso e apropriação dos bens materiais e culturais historicamente produzidos.

Os relatos contidos nesta obra dizem respeito a um trabalho psicopedagógico realizado na escola pública há mais de duas décadas. A publicação foi uma iniciativa movida pela permanência dos altos índices de fracasso das crianças na aprendizagem da Matemática nos anos escolares iniciais ainda hoje. Fazer uma releitura do presente trabalho motivou-me a socializá-lo com os leitores, especialmente professores das séries iniciais do ensino fundamental, em razão de o fracasso continuar sendo foco das preocupações educacionais, agravado pela pandemia da Covid-19. É um momento de acirramento dos prejuízos para as camadas mais pobres da população.

Segundo os dados do Fundo das Nações Unidas para a Infância (UNICEF, 2021), o fracasso escolar nas séries iniciais do ensino fundamental em 2019, primeiro ano da pandemia, acentuou-se. Ele expressa-se em grande parte das crianças matriculadas nas séries iniciais, com distorção idade-série de 12,3%, reprovação de 5,1% e abandono de 0,8%. O relatório do Unicef é detalhado e mostra os índices das áreas mais afetadas por regiões, apresentando o norte e o nordeste em primeiro lugar, e por localização: áreas indígenas, de remanescentes quilombolas, assentamentos ou de exploração sustentável. Aponta a inerente legitimação das desigualdades históricas na sociedade brasileira, expressas nas estatísticas educacionais.

O fracasso escolar insere-se nesse contexto de relações de opressão e dominação, atribuindo aos alunos que fracassam rótulos de incapazes, de modo que as dificuldades escolares são apenas deles, só a eles pertencem. Debrucemo-nos sobre esse evento, a fim de compreendê-lo melhor, à luz de olhares humanizadores e da *superação* dessa realidade.

Para Collares e Moysés, grande parte dos educadores partem do pressuposto de que haveria um tipo de criança ideal para quem a escola destina seus conhecimentos. Por outro lado, "para a criança concreta, que vive neste mundo real, os professores parecem considerar muito difícil, senão impossível ensinar" (1996, p. 26).

Em uma pesquisa realizada em 10 escolas públicas da cidade de Campinas, São Paulo, essas autoras concluíram que, nas escolas pesquisadas, os discursos e práticas pedagógicas observados durante um ano letivo evidenciaram o que elas definiram como "culpabilização da vítima". Melhor dizendo, seria a atribuição do fracasso das crianças a doenças, ao pouco apoio das famílias e aos professores como formas de eximir o sistema escolar de suas responsabilidades. Isso, segundo as autoras,

> [...] leva à estigmatização de crianças inicialmente sadias, que incorporam o rótulo, sentem-se doentes, agem como doentes. Tornam-se doentes. Comprometem sua autoestima, seu autoconceito e aí sim, reduzem suas chances de aprender. (COLLARES; MOYSÉS, 1996, p. 217).

Collares e Moysés pertencem a uma vertente que considera as "dificuldades de aprendizagem" como casos raros e sempre reafirmam a necessidade de a escola retomar os estudos teóricos, com base no cotidiano da sala de aula, que deveria ser seu campo de conhecimento. Outra vertente atual sobre os "distúrbios de aprendizagem" é a defendida por Sleeter, citado por Givigi (1998, p. 19), para quem tais distúrbios "não existem e são criados pela escola como justificativa para o fracasso das crianças".

À época em que esta pesquisa foi realizada, já havia um repensar sobre o fracasso por parte dos sistemas de ensino, em que medidas de "aprovação automática" e de "turmas de aceleração", bem como a criação dos ciclos de aprendizagem em substituição aos regimes seriados, reconheciam o fracasso revelado pelos altos índices de evasão e repetência. A repetência chegava a 60% da primeira para a segunda série, o que culminou com a criação do Bloco Único[1], sistema de ciclos vigente nas escolas do estado do Espírito Santo e de outros estados brasileiros na década de 1990 (BARRETO, 1999).

Se os olhares se voltarem para a Matemática, os indicativos de não aprendizagem nesse campo contribuem sobremaneira para tal situação. Os dados do Sistema de Avaliação da Educação Básica (Saeb), instrumento do Ministério da Educação (MEC) para avaliação do ensino básico, em 1995, mostraram que a média nacional de rendimentos em Matemática foi de

> [...] 21% na 4ª série do ensino fundamental, em que um dos critérios essenciais, era o domínio das quatro operações com números naturais; 15% na oitava série, em que um dos critérios, era o domínio das quatro operações, para resolver problemas com mais de um passo, e resolver equações de primeiro grau. (BRASIL, 1995 apud PINTO, 1999, p. 7).

Com relação aos resultados do último Saeb (2021), a situação é muito ruim, tendo em vista que o rendimento em Matemática tanto dos alunos das séries iniciais (5º ano) quanto dos alunos das séries finais (9º ano) caiu 11 e 7 pontos, respectivamente, em relação à avaliação de 2019 (INEP, 2021). Por isso, a escolha da Matemática foi muito importante para a concretização da intervenção, realizada em uma escola pública da periferia da cidade de Vitória.

A proposta de realizar um trabalho em que pudéssemos estar juntos ao longo de um período — eu e as crianças —, descobrindo relações matemáticas de forma prazerosa e significativa, moveu-me a pensar na pesquisa-ação. Assim, apesar de um período de apenas seis meses não significar muito tempo, se bem vividos, marcariam positivamente a vida daquelas crianças e refletiriam em suas trajetórias de vida.

---

[1] A organização em ciclos de aprendizagem iniciou-se nos anos 1990 e permanece até hoje regulamentada pela Resolução n.° 1 do Conselho Municipal de Educação da Prefeitura de Vitória (Comev), que fixa as normas relativas à Organização e Funcionamento do Ciclo Inicial de Aprendizagem do Ensino Fundamental, correspondente aos três primeiros anos desse nível.

Trata-se, em primeiro lugar, de situar suas "não aprendizagens" no contexto das condições desiguais geradas no seio das relações socioeconômicas de dominação da sociedade capitalista. Em segundo lugar, trata-se de conhecer melhor essas crianças. Quem são? O que as faz serem vistas assim pela escola? Como pensam e como reagem às proposições de atividades envolvendo os conteúdos escolares? Esses elementos nortearam minha permanência na escola "Vida[2]" nos meses de junho a dezembro de 1998. No ano anterior, eu já havia permanecido por três meses realizando um trabalho de breve intervenção em outra escola, em caráter preparatório para esse trabalho.

É importante marcar as duas fases principais que resumem a intervenção.

a. **Conhecimento da escola**: ocorreu nos meses de junho e julho, por meio de entrevistas iniciais com a pedagoga que fez, com o apoio das professoras, a seleção das crianças que deveriam compor o grupo. Nas entrevistas, foram relatadas informações sobre a realidade da escola. Apresentei a ela os problemas matemáticos já elaborados para o início do trabalho e ajustamos os horários e o local para a realização dos encontros, duas vezes por semana. A coordenadora pedagógica apresentou-me às crianças e levou-me até as turmas, explicando que eu faria um trabalho com quem estivesse precisando "melhorar o desempenho em Matemática";

b. **A intervenção**: ocorreu de agosto a dezembro de 1998, por meio de encontros realizados coletivamente, duas vezes por semana, com as crianças. Ao longo do trabalho, eram registrados os dados, em protocolos individuais, contendo apontamentos diários sobre o desenvolvimento dos alunos.

Com os professores, além de entrevistas sistemáticas previamente agendadas, eram sempre realizadas conversas informais, em horários livres, cuja finalidade era relatar o trabalho e discutir os resultados. No mês de dezembro, houve uma reunião com os professores dos blocos inicial e final (quatro primeiras séries do ensino fundamental) para apresentação dos resultados.

---

[2] Vida é o nome escolhido como referência à escola na qual foi realizada a pesquisa.

Tomando por base as reflexões de Barbier (1985), para quem a *Implicação* é um construto a ser sempre considerado nas pesquisas de intervenção na realidade, ressalto a importância de uma reflexão contínua, por parte do pesquisador, a respeito de seu envolvimento pessoal na realidade em que está intervindo. Considerando os aspectos socioafetivos da inserção, esse autor propõe avanços a respeito das relações entre sujeito e objeto do conhecimento, precavendo-se de julgamentos pessoais pouco embasados para maior cientificidade da pesquisa em Ciências Sociais.

Parti do pressuposto de que os problemas matemáticos envolvendo o Campo Conceitual das Estruturas Aditivas deveriam compor a base dos conhecimentos a serem dominados pelas crianças na fase final do Bloco Único. Delimitar esse critério deu-se em razão de serem esses os conceitos básicos a englobar problemas de adição e subtração, assim como as noções de número, estruturais de todos os conteúdos aritméticos futuros referenciados pela escola.

Como uma das estratégias usadas para avaliação do crescimento intelectual das crianças, ao iniciar o trabalho no mês de agosto, foi aplicado um problema, o qual foi retomado em dezembro, sendo resolvido de modo individual e sem ajuda.

A escola pública é um espaço privilegiado por conter uma parcela expressiva (30%, segundo constatações desta pesquisa) de alunos considerados por professores e técnicos como discentes com dificuldades. A escola oferece, assim, indicadores de uma leitura mais profunda dessas dificuldades. O que são? Como se constroem? Quem as definiu assim? Com base em quais critérios foram definidas? Essas são algumas questões presentes neste trabalho.

O sentido político-transformador dessa intervenção (pesquisa-ação) reside no fato principal "de partir de um problema definido pelo grupo, usar instrumentos e técnicas de pesquisa para conhecer esse problema e delinear um plano de ação que traga algum benefício para o grupo" (ANDRÉ, 1995, p. 33). Nas duas escolas em que pude promover a intervenção, as "dificuldades de aprendizagem" foram entendidas como um de seus grandes problemas. A pesquisa-ação, nesse caso, sob a forma de intervenção pedagógica, "envolveu um plano de ação, baseado em objetivos, em um processo de controle e acompanhamento da ação planejada e no relato concomitante desse processo" (ANDRÉ, 1995, p. 33).

A análise dos dados fez-se durante toda a investigação, em que se construíam significados e interpretações possíveis de serem reconstruídos. O objetivo era oferecer, ao final, uma descrição dessa experiência de intervenção, contemplando-se os avanços decorrentes, assim como outras generalizações sobre a construção do conhecimento por parte do grupo de crianças.

Os instrumentos utilizados foram, além de todas as atividades realizadas com as crianças nos encontros, entrevistas semiestruturadas com as professoras, pedagogas e com os pais. Embora se tenham feito sistematicamente essas entrevistas, o contato com a comunidade escolar deu-se também de forma assistemática com a pedagoga e as professoras, em que prevalecia a troca de ideias sobre as crianças e seu desenvolvimento.

Foram utilizadas gravações em vídeo, diários de campo e registros escritos das quatro estagiárias auxiliares, alunas do curso de Pedagogia da Universidade Federal do Espírito Santo, que me acompanharam até o mês de outubro. Depois desse período, os encontros foram filmados. Isso garantiu a fidedignidade da observação, uma vez que, na pesquisa de intervenção, o próprio pesquisador se envolve, tornando-se difícil registrar em detalhes os dados da realidade.

Uma síntese da pesquisa pode ser vista no esquema apresentado na sequência.

Participantes da pesquisa: 12 crianças, oito pais, uma pedagoga, uma diretora, três professoras, quatro estagiárias e a pesquisadora;

Entrevistas: uma com os pais, duas com as professoras e quatro com a pedagoga (além das conversas informais);

Registros: diários de campo e gravações audiovisuais;

Reuniões coletivas: uma com os pais, uma com as professoras e pedagoga e reuniões periódicas com as estagiárias;

Encontros com as crianças: aproximadamente 23;

Duração dos encontros: 90 minutos semanais, totalizando 45 horas ao final da pesquisa.

A participação das estagiárias auxiliares foi além do mero registro dos dados. Ao final de cada encontro, elas ajudavam no preenchimento de uma ficha com dados de acompanhamento das crianças, referentes ao desenvolvimento socioafetivo. Elas discutiam suas observações a respeito das crianças e sobre minha atuação, inclusive dando sugestões.

Em síntese, a análise dos materiais escritos e orais produzidos pelas crianças, com o apoio dos diários e das filmagens, possibilitou o que recentemente vem se denominando de análise "microgenética" em Psicologia (SEIDL DE MOURA; CORREA; SPINILO, 1998). No dizer de Vasconcellos e Civiletti (1998, p. 62), "essa é uma perspectiva que busca analisar a emergência e o curso das transformações em foco, identificando os interlocutores, suas ações, gestos e emoções presentes e coordenados, dentro de um contexto específico de interação". Essa análise microgenética foi o que possibilitou constatar, por exemplo, os avanços das crianças, muitas vezes não perceptíveis em um primeiro momento.

1.1 A trajetória singular/coletiva do educador em busca da *superação*

A construção da identidade/subjetividade do educador é um caminho desafiador. Paulo Freire (1998, p. 46) sugere aos educadores e educandos que se assumam enquanto sujeitos históricos e sociais. Para ele, assumir-se é uma palavra-chave: "assumir-se como ser social e histórico, como ser pensante, comunicante, transformador, criador, realizador de sonhos, capaz de ter raiva porque capaz de amar. Assumir-se como sujeito porque capaz de reconhecer-se como objeto".

Pode parecer utópico falar em sujeitos seres humanos enquanto todas as proposições da ética na perspectiva neoliberal se fundamentam na submissão do ser humano às conveniências do lucro sem limites, em que se atribuiu ao "mercado" lugar de sujeito da história.

Pode parecer utópico falar em resgate da identidade cultural e valorização dos saberes dos alunos quando se ouve e lê, diariamente, inúmeras vezes, nos veículos de comunicação: "o mercado está nervoso, o mercado está calmo", ou ainda, "o mercado reagiu bem...", como se a humanidade fosse obrigada a se submeter à onipotência do "mercado". No entanto, aos educadores que perseguem a superação das injustiças e da exclusão social, não se pode perceber outra saída a não ser por meio da lógica de que o ser humano precisa reconquistar seu espaço central, histórico e social. Espaço no qual se encontra a apropriação de saberes socialmente produzidos. Nesse caso, os saberes matemáticos.

Para Paulo Freire (1998, p. 88), "a mudança do mundo implica a dialetização entre a denúncia da situação desumanizante e o anúncio de sua superação, no fundo, o nosso sonho".

O aprofundamento no estudo das "dificuldades de aprendizagem" advém de minha prática no ensino fundamental. Mas a experiência docente, em todos os níveis de ensino e em muitos anos de acompanhamento clínico com crianças e adolescentes que não conseguem avançar na escolaridade, sempre me conduziu aos estudos das aprendizagens e não aprendizagens, como elementos de superação e aperfeiçoamento profissionais.

Inicialmente, quando trabalhei como professora alfabetizadora, minha atenção voltava-se para as crianças que eu não conseguia ajudar na construção das competências para a leitura. Daí a necessidade de realizar um trabalho individualizado e conhecer profundamente os construtos determinantes desses processos. A despeito de trabalhar com práticas de alfabetização e letramento pautadas em situações significativas e embasamento teórico, algumas crianças ainda não conseguiam se alfabetizar. Toda a experiência nesse campo incitou-me a buscar uma formação teórica direcionada à solução das "dificuldades de aprendizagem". Essa busca culminou com minha saída das práticas pedagógicas intraescolares para a atuação no trabalho clínico.

A atuação na clínica psicopedagógica fora do contexto escolar dá-se por meio de atividades que visem à atribuição de significados aos objetos do conhecimento, atividades essas entendidas como desafiadoras. No tocante à Matemática, tais atividades compõem-se de problemas, jogos e desafios que possibilitam, além da aprendizagem de conteúdos básicos de Matemática, o desenvolvimento de "atitudes cognitivas", como a capacidade de ordenar, classificar, combinar ideias, comparar, planejar ações, enfim, expandir as potencialidades intelectuais, basilares em aprendizagens presentes e futuras.

Além disso, essas atividades contemplam a dimensão socioafetiva dos sujeitos, na medida em que são realizadas em situações dialógicas, nas quais os alunos podem se expressar por desenhos, textos escritos, conversas e outras formas, tendo em vista uma tomada de consciência de si, de suas possibilidades e "limitações".

A prática psicopedagógica é rica em contatos com outros campos do conhecimento, como a Neurologia e a Neuropediatria, além de programas de desenvolvimento da inteligência, como o Programa de Enriquecimento Instrumental (PEI) e sua proposta de modificabilidade cognitiva, divulgado em todo o mundo por Reuven Feurstein, Vitor da Fonseca e outros.

Contudo, muitas vezes, os alunos são encaminhados à clínica, pela escola, sem ao menos saberem o motivo, ou melhor, sem saberem o que não sabem, devido ao fato de precisarem de ajuda extraescolar. Ainda, o atendimento em consultório particular ao qual me refiro ocorre em um contexto de educação de crianças privilegiadas economicamente, pois seus pais podem custear, além das mensalidades escolares, outro tipo de assistência pedagógica.

Aprofundar os estudos fora do ambiente escolar gerou alguns conflitos quanto à identidade profissional. Para mim, esses conflitos desdobraram-se em dois níveis. O primeiro é o nível da mudança de direção, devido à peculiaridade desse campo, ou seja, quanto mais eu seguia o caminho da Psicopedagogia, mais eu me sentia distante da escola pública e da socialização dos conhecimentos que eu adquiria, porque a grande maioria das crianças brasileiras é desprovida de recursos para atendimentos particulares. Percebia-me cada vez mais conhecedora dos processos relacionados à construção de saberes, habilidades, competências e conteúdos, mas oferecendo retorno desses estudos a uma pequena "clientela".

O segundo conflito era de natureza teórica: a tendência em se patologizar o enfoque das "dificuldades de aprendizagem" é um risco inerente aos estudos psicopedagógicos, escamoteando, de certa forma, questões fundamentais sobre a origem do fracasso escolar. As dificuldades de aprendizagem, longe de serem um fenômeno particular, atingem grande parcela de crianças da rede pública de ensino, como já foi dito. No entanto, a responsabilidade por "bater o martelo" com relação ao diagnóstico dos sujeitos não aprendizes é dos médicos, não dos educadores. Os laudos médicos e CIDs é que determinam se a criança está ou não doente por não aprender e qual é essa "doença", submetendo a escola a um papel de cumpridora de ordens, legitimadas pelos laudos, muitas vezes elaborados por profissionais, em 30 minutos de contato, que não conhecem os alunos como a escola conhece ou deveria conhecer, em razão da convivência diária.

A referência à ideia da patologização está ilustrada no esquema de Fonseca e Mendes (1987, p. 284), no qual podemos ver um organograma das "dificuldades".

Figura 1 – Dificuldades de aprendizagem

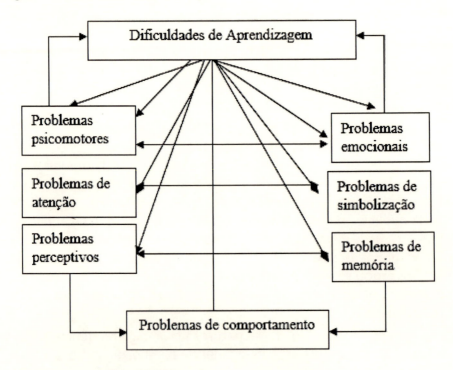

Fonte: Fonseca e Mendes (1987)

Embora o termo "problemas" seja ilustrativo para focar as não aprendizagens do ponto de vista patológico, as conclusões de Fonseca e Mendes (1987) acima propostas fundamentam-se em análises minuciosas das teorias de Wallon, Piaget, Frostig, Luria e outros. Além disso, Fonseca e Mendes (1987, p. 284) fazem questão de mencionar que "o campo das Dificuldades de Aprendizagem exige a combinação de aspectos biomédicos, psicológicos, pedagógicos, bioquímicos, socioeconômicos, sociopolíticos, etc.". Esses autores alertam, ainda, para a necessidade da compreensão interdisciplinar, visando "beneficiar atitudes de prevenção pedagógica", e criticam a escola tradicional como sendo "passiva, acrítica e autoritária".

Entendo que a divulgação desse enfoque de compreensão das "Dificuldades de Aprendizagem" sem a devida ênfase nos processos histórico-culturais de construção do homem e da sociedade para embasar a práxis pedagógica dificulta a transformação do atual quadro de fracasso escolar, cujo efeito maior é a exclusão de grande parte das crianças brasileiras ao acesso aos saberes socialmente produzidos. Isso ocorre porque se os estudos focam "problemas" dos/nos alunos, reduzem-se as iniciativas de intervenções no contexto em que se produz o fracasso.

Fez-se necessário repensar a função dos conhecimentos acumulados em minha prática psicopedagógica à luz de um referencial crítico dialético, a fim de não perder de vista o compromisso com a perspectiva libertária de educação. Na realidade, esse repensar converteu-se sobretudo em uma contextualização de conhecimentos especializados que, sob a ótica da Pedagogia Crítica, impõe, sem dúvida, a opção pela escola pública. Esse posicionamento constitui-se em suplantar a *resignação* e caminhar rumo à *superação*, em um movimento constante, interno e individual, externo e social, de se afastar da condição de aceitação da ordem, tal como se encontra, em direção à transformação dessa ordem.

No caso deste estudo, a tônica é a busca da compreensão, cada vez mais aprofundada, do funcionamento intelectual e emocional dos sujeitos aprendizes na/pela escola, bem como a intervenção nesses processos, com o propósito de mediação/construção de novas estruturas de pensamentos, saberes e conceitos no desenvolvimento de sua autonomia social e intelectual.

A trajetória da formação do educador é constituída em um emaranhado de experiências subjetivas/objetivas, individuais/sociais, inscritas em suas necessidades e aspirações ao longo da vida pessoal e profissional. Em minhas memórias de estudante com baixa visão em uma escola regular da década de 1970, registram-se situações diversas de atitudes não inclusivas dos professores. Entre elas, a seguinte:

> *Era hora da prova de Geografia. Os alunos estavam enfileirados, mantendo distância para não "colarem". A prova estava escrita no quadro, em uma letra muito pequena da professora Regina, que eu não conseguia enxergar. Recorri à Luana, a colega ao lado, que se negou a copiar a prova para mim, sem o consentimento da professora. A mesma, ao perceber o burburinho, quis saber o que era:*

> — *Gostaria que a Luana copiasse as questões para que eu possa responder. (Eu disse, chorando)*
>
> *A professora, sempre carrancuda, respondeu de forma impaciente e muito ríspida:*
>
> — *Copia, logo, Luana! E chega de choro. (Os nomes são fictícios)*

Situações como as anteriores eram corriqueiras em minha história de vida escolar e acontecem todos os dias nas relações entre professores e alunos na sala de aula. Particularmente, compreendo que elas sempre estiveram subliminares às minhas escolhas teórico-práticas voltadas para a construção/promoção de práticas inclusivas, independentemente do espaço profissional no qual eu estivesse atuando. Em quaisquer tempos/espaços de trabalho, cuidei para que as vítimas do fracasso escolar, ou seja, os "não aprendizes", deixassem de ser culpabilizadas por não aprenderem.

1.2 Despatologizar a escola

O desvio das questões educacionais para a área médica, patologizando e medicalizando as crianças julgadas hiperativas, sem atenção, descoordenadas, entre tantas outras rotulações, é fato comumente aceito com naturalidade por pais, professores, psicólogos, psicopedagogos e demais pessoas envolvidas ou não com a escola. Esse é um fenômeno que acompanha todos os outros setores da sociedade. Medicalizar para lidar "melhor" com os problemas da vida virou consenso (RIBEIRO, 2014). É raro existir uma família em que um ou vários de seus membros não façam uso frequente de psicotrópicos, entre tantos outros medicamentos, nos dias atuais. Recentemente, ouvi de uma coordenadora pedagógica sobre sua dúvida a respeito de a criança que estávamos atendendo ser ou não uma criança "medicamentosa".

Na contramão desse caminhar, desde a década de 1920, a Psicologia Cognitiva apontava outra direção: a compensação.

A compensação é uma alternativa, segundo Vygotsky, para a superação no trabalho com crianças em prejuízo de diferentes funções, entre elas as auditivas, as visuais, as mentais ou as motoras. Para ele,

> Dada a plasticidade do cérebro humano, pessoas com problemas orgânicos, podem conseguir compensá-los, por

> meio da construção de caminhos alternativos de desenvolvimento. A ideia não é de correção, mas de aproveitamento do potencial dos órgãos, processos e mecanismos íntegros, da pessoa deficiente. (OLIVEIRA, 1997, p. 60).

Assim, se até mesmo nas crianças com deficiências orgânicas comprovadas é possível constatar essa capacidade de aprender, não se justifica a atribuição de incapacidades a crianças sem qualquer distúrbio dessa ordem.

A abordagem de Vitor da Fonseca sobre os "problemas de aprendizagem" só se faria pertinente para explicar e atuar sobre uma parcela mínima de crianças que de fato apresentam algum distúrbio.

Reconheço que essa alternativa só deveria ser considerada em último caso, quando a escola já tivesse esgotado todas as suas possibilidades de transformar as experiências trazidas pelas crianças, como os seus conhecimentos espontâneos, em conhecimentos científicos. Agir assim diminuiria ou quase eliminaria o número de crianças às quais são atribuídos rótulos de "incapazes". Na maioria das vezes, o que ocorre é uma distância entre o contexto familiar, as vivências e as práticas sociais da vida das crianças e as formas culturais veiculadas na/pela escola.

Por outro lado, considero os aspectos relacionados por Fonseca e Mendes (1987) como "problemas perceptivos e psicomotores", por exemplo, explicativos em casos raros de não domínio dos símbolos matemáticos, como constatei em duas crianças na intervenção. No entanto, todos os casos, incluindo aqueles em que se constate "problemas" de ordem perceptiva e/ou psicomotora, serão sem dúvida mais bem "resolvidos" se considerados sob o prisma da teoria histórico-cultural. Isso muda sobremaneira as formas de intervenção com esses sujeitos, na superação de obstáculos em suas trajetórias de aprendizagens e crescimento pessoal. É um olhar que leva proposição de atividades relacionadas às suas experiências e práticas sociais, procura reconhecê-los sem preconceitos e padronizações, produzindo avanços efetivos nas práticas pedagógicas voltadas para a *superação*.

Com base nessa abordagem, considerando que o psiquismo é construído na inter-relação entre os planos filogenético, sociogenético, ontogenético e microgenético, os quais serão abordados mais à frente, caem por terra as propostas pautadas na criança "ideal", ou a dos "sujeitos universais" que devem percorrer uma "harmoniosa" linha de desenvolvimento, sob pena de serem rotulados como problemáticos ou deficientes. Como afirma Oliveira (1997, p. 57), não há

> Nenhuma espécie de realidade psicológica preexistente a esse complexo processo histórico, mas sim, uma necessária geração de singularidades. Postular diferenças é, portanto, uma consequência necessária dessa abordagem genética "forte:" Se o psiquismo é construído, a diferença é resultado necessário dessa construção, e a compreensão das configurações particulares é o objeto mesmo da Psicologia.

Posto isso, aparecerão muitas diferenças nas formas de apropriação e representação dos conteúdos matemáticos pelas crianças no decorrer das reflexões aqui contidas, embora tenham sido encontradas também formas comuns em suas representações.

Após todas as considerações feitas a respeito das "dificuldades de aprendizagem", permito-me afirmar que: de um modo geral, elas constituem-se num rótulo, atribuído aos alunos que se afastam do padrão considerado pela escola como normal, ou ideal. No entanto, o termo poderia ser usado para referir-se, apenas, a uma parcela mínima de crianças que, por razões diversas, apresentam inabilidades motoras, perceptivas, ou orgânicas, dificultando-lhes a apropriação dos saberes escolares. Entretanto, mesmo a elas é plenamente possível ensinar. Faz-se necessário, contudo, conhecê-las em suas experiências culturais, na família e em outros contextos sociais. Conhecer suas formas de expressão oral e escrita, sua motricidade. E a partir daí, envolvê-las em práticas de aquisição/construção de conhecimentos, promovendo sua cidadania e autonomia sociais, sem isolamento ou patologização.

1.3 Resolução de problemas como prática norteadora do ensino da Matemática

Historicamente, a resolução dos problemas sempre ocupou grande espaço nos livros didáticos de Matemática. Em pesquisa realizada em livros dessa natureza, escritos e utilizados nas escolas brasileiras ao longo do século XX, deparei-me com a quantidade de 4.450 problemas em um livro chamado *Primeira aritmética para meninos*, destinado às séries iniciais da educação básica, publicado pela editora Globo em 1954, o qual já estava em sua 51ª edição (SANTANA, 1999). Naquele estudo, busquei responder a uma questão de grande interesse daqueles que se preocupam com o ensino de Matemática: qual o lugar ocupado pela resolução de problemas nos livros didáticos de Matemática elementar ao longo do século XX?

Responder a essa questão exigiu uma análise minuciosa de 13 livros didáticos de Matemática elementar, seis deles da primeira metade do século e sete da segunda. A escolha dos livros mais antigos foi feita aleatoriamente, de acordo com a sua disponibilidade. Quanto aos mais recentes, devido à maior quantidade nas bibliotecas, pude diversificar a análise, selecionando aqueles que evidenciavam posturas diferenciadas com relação à forma (organização, ilustrações) e conteúdo (orientações teórico-metodológicas, principalmente).

1.3.1 Cinco décadas de muitos problemas

O Quadro 1 mostra os livros analisados cujas datas são anteriores ao ano de 1950.

Quadro 1 — Dados sobre os livros pesquisados até a década de 1950

Nome do Livro	Local/Data	Editora	Edição
Arithmetica	Rio de Janeiro (1911)	Francisco Alves	2ª
Compêndio de arithmetica para uso das aulas preliminares	São Paulo (1921)	Salesianas	6º milheiro
Problemas de arithmetica organizados de acordo com o programa das escolas públicas primárias	Rio de Janeiro (1921)	Leite Ribeiro	—
Arithmetica elementar prática	São Leopoldo/RS (1927)	Selbach	7ª
Elementos de aritmética: curso primário ou elementar — edição melhorada	Rio de Janeiro (1951)	Francisco Alves	Edição melhorada
Primeira aritmética para meninos	Rio de Janeiro (1954)	Globo	51ª

O primeiro ponto de reflexão sobre os livros diz respeito à quantidade dos problemas: eram muitos, chegando a conter 1.645 exercícios e problemas em um dos livros (FREIRE, 1911). Em outro, 4.450, incluindo questões sobre os conteúdos (DOMMONT, 1951). A grande quantidade atribui-se, em primeiro lugar, ao ensino memorístico da época, cuja crença era de que quanto mais se repetia um determinado conteúdo, mais se aprendia. Essa forma de repassar conteúdos evidenciava-se na própria organização dos livros, segundo a qual os conceitos eram apresentados e descritos e, em seguida, inseriam-se os problemas resolvidos, ficando explícitas suas etapas de solução. Só depois eram propostos os problemas para serem resolvidos pelos alunos, contendo sempre as respostas para conferência.

Não se percebia ênfase na criatividade do aluno ou respeito ao seu nível cognitivo, mas era mantido o status dos problemas como tema central do ensino e aprendizagem da Matemática.

O segundo ponto é que, já no início do século, buscavam-se formas de tornar a Matemática um conteúdo mais acessível à criança. Sobre isso, encontrei no prefácio da coletânea *Problemas de arithmetica* o seguinte comentário: "o problema é ponto capital na escola primaria, para o perfeito desenvolvimento da inteligência da criança" (NEVES, 1921, p. 3). Outro comentário de Osório Duque Estrada, ao prefaciar o livro *Matemática intuitiva*, diz: "O método intuitivo é um método essencialmente prático e racional, que parte do concreto para o abstrato, do simples para o composto, do conhecido para o desconhecido" (FREIRE, 1911, p. 11-12).

Embora a análise do livro didático ofereça uma boa mostra de como se desenvolve a prática pedagógica, em um determinado momento histórico, deve-se levar em consideração as diferenças entre aquilo que se teoriza e o que de fato acontece. Sendo assim, os pensamentos acima mencionados poderiam ser reflexo de uma tomada de consciência, por parte dos educadores europeus, sobre a necessidade de se repensar o ensino e a aprendizagem da Matemática, contudo não dos brasileiros, uma vez que a análise dos livros revelou a formulação de problemas matemáticos com conteúdo de realidades europeias. Isso significa dizer que, não raras vezes, encontrei enunciados de problemas que nenhum significado apresentavam para a criança brasileira. Cita-se, por exemplo, um enunciado retirado da obra *Compêndio de Arithmetica*: "Qual a diferença da altura entre a cúpula de São Pedro em Roma, que tem 138 ms de altura, e a mais alta flecha do Duomo de Milão, que tem 109 ms de altura?" (1920, p. 33).

Muitos outros textos poderiam ser citados para mostrar que os livros não tinham a ver com os reais "problemas" das crianças brasileiras, embora a maioria delas, à época, estivesse fora da escola. Era pertinente que os livros didáticos contemplassem aspectos da cultura europeia, a qual poderia ser alvo de interesse da pequena elite que frequentava a escola, composta majoritariamente de homens, filhos da aristocracia rural (ainda hegemônica), além dos filhos de outras categorias em ascensão (ARANHA, 1993).

Outra constatação é a de que parecia haver certa diferenciação entre a Matemática destinada a meninos e a meninas, diferenciação essa retratada no tipo de conteúdo e orientações dos livros. Segundo os autores de *Arithmetica elementar prática,* o livro foi publicado "especialmente para meninas: por isso limitamo-nos ao necessário para a vida prática" (ARITHMETICA, 1927, p. III). Já o livro *Primeira aritmética para meninos,* em sua 51ª edição, publicada em 1954 (LOBO, 1954), não tem prefácio ou demais comentários, podendo revelar, assim, no próprio título, a discriminação das meninas como uma prática institucionalizada quanto ao acesso aos conteúdos matemáticos.

Pode-se caracterizar o ensino no referido período como centrado na memória, na autoridade do professor e na constante busca de transplante cultural. Os problemas matemáticos até aqui encontrados vêm imbuídos dessas características.

1.3.2 As inovações da segunda metade do século

Quadro 2 — Dados sobre os livros veiculados na década de 1960

Nome do Livro	Local/Data	Editora	Edição
Aritmética para uso dos alunos do primeiro ciclo do curso médio	São Paulo (1964)	Ed. Do Brasil	—
Iniciação à matemática	Rio de Janeiro (1966)	Fund. Get. Vargas	1ª

É na década de 1960 que podem ser encontradas modificações significativas referentes à forma e ao conteúdo dos problemas nos livros didáticos. Em Marcondes (1964, p. 77-82), encontram-se os primeiros desenhos ilustrativos. Eles apareceram apenas no ensino de frações. Mas é na obra *Iniciação à matemática* (1966) que se encontram mudanças profundas, pois esse livro foi organizado em um colégio experimental de Nova Friburgo, o qual pertencia à Fundação Getulio Vargas. Essa obra desperta muito o interesse porque, pela primeira vez, surgem as orientações iniciais dirigidas ao aluno, sendo introduzidos os tópicos com linguagem mais acessível, contrapondo-se a metodologias anteriores. Ele vincula os conteúdos à realidade durante todo o tempo. Um exemplo disso é a informação sobre a população de Curitiba para introduzir os conceitos de valor relativo e absoluto (MUNIZ, 1966, p. 12). O primeiro capítulo trata da Teoria de Conjuntos enquanto "coleções". Antes, nem assim essa teoria era mencionada. Ilustra-se o que foi dito com o seguinte problema:

> Fernando comprou um apartamento nas seguintes condições:
>
> a — Entrada de Cr$ 660.000
>
> b — Quatro quotas de Cr$ 650.000
>
> c — trinta prestações de Cr$ 58.000
>
> Quanto foi o preço do apartamento? (MUNIZ, 1966, p. 51).

Um dado interessante é que não encontrei livros didáticos de Matemática publicados na década de 1970. A partir daí, as modificações que se seguiram na produção de livros e na proposição de resoluções de problemas foram muitas.

1.3.3 Diversidade de posições a partir dos anos 1980

Quadro 3 — Dados sobre os livros das décadas de 1980 e 1990

Nome do Livro	Local/Data	Editora	Edição
Matemática é com a gente	São Paulo (1984)	FTD	4ª
Aprendendo matemática brincando	Rio de Janeiro (1986)	Ao Livro Técnico	—
Matemática ao vivo	São Paulo (1993)	Scipione	—
Construindo a matemática	São Paulo (1993)	Dimensão	—
Matemática: brincando e construindo	Belo Horizonte (1994)	Ed. Lê	2ª

A expansão do ensino público, aliada aos avanços tecnológicos e mudanças aceleradas no modo de produção, representaram um estado de intensa busca de alternativas para o ensino dos conteúdos matemáticos nas três décadas finais. Para tanto, os educadores-produtores de livros didáticos lançaram mão das teorias psicogenéticas, divulgadas no Brasil a partir dos anos 1980, das quais Piaget e a escola de Genebra foram os maiores representantes. Discursos como "privilegiar o fazer como pré-requisito para conhecer" (MEIRELLES, 1993, p. 2) ou "aprender a pensar, explorar, descobrir e inventar" (PEREIRA et al., 1994, p. 3) são orientações metodológicas frequentes encontradas nas apresentações dos livros aos professores.

Embora os discursos sejam semelhantes, dois deles da década de 1980 e três da década de 1990 explicitam diferenças significativas, sobretudo com relação ao lugar ocupado pelos problemas matemáticos e sobre a sua função no ensino de Matemática. O número de problemas é bastante reduzido em relação aos livros antigos, e pela primeira vez os livros do aluno não trazem as respostas para os problemas.

Nas obras *Construindo a matemática* e *Matemática é com a gente*, a primeira escrita nove anos após a segunda, a ênfase em Resolução de Problemas é dada em como resolver um problema. Heurísticas são ensinadas, isto é, são propostos passos de resolução que façam com que os alunos registrem os dados e a pergunta do problema, façam a operação e deem a resposta, ou seja, um ensino de *como* resolver problemas. Há grande ênfase no ensino de algarismos, e a maior preocupação é a de garantir automatismos por parte dos alunos, com predomínio de exercícios de fixação.

Para Hatfield (1978 *apud* VALE, 1997, p. 4), esse é um ensino "acerca da resolução de problemas e está relacionado com o método de ensino utilizado pelo professor, em que este modela ações eficazes na resolução de um problema, chamando a atenção do aluno para certos procedimentos e estratégias".

A preocupação com situações mais significativas também é uma constante, como no exemplo que segue: "Em nossa sala há 17 meninos e 15 meninas. Quantos alunos estudam em nossa sala?" (MAGALHÃES, 1986, p. 31).

Por outro lado, os livros *Matemática ao vivo* e *Matemática: brincando e construindo* enfatizam o desenvolvimento do raciocínio, propondo a resolução de situações-problema como uma metodologia e uma proposta de trabalho que permeiam todos os conteúdos. Retomando as ideias de Hatfield (*apud* VALE, 1997, p. 4), essa seria uma proposta que "consiste no ensino de conteúdos matemáticos utilizando problemas e/ou situações problemáticas".

Os jogos de cartas e outros aparecem com muita frequência, e os problemas, quando aparecem em sua forma sintática tradicional, não são repetitivos e expressam criatividade, exigindo dos alunos formas criativas de pensar. Os dois exemplos a seguir comprovam minhas observações.

> A. No trem havia 378 passageiros. Na estação desceram 220 e subiram 261. Com quantos passageiras o trem saiu da estação? (IMENES, 1993, p. 60).
>
> B. Na sala da 1ª série há 13 meninos e 15 meninas. Para a dança da festa junina é preciso formar pares de meninos com meninas. Quantas meninas precisam se fantasiar de homens para formar os pares? Quantos pares vão ser formados? (PEREIRA, 1994, p. 139).

O problema A é parte do livro *Matemática ao vivo*. Seu autor deixa explícita a prioridade em relação à representação de expressões e ideias matemáticas. Isso se constata devido aos muitos algoritmos e desenhos representativos dessas ideias. O problema B é parte do livro *Matemática: brincando e construindo* e explora mais as formas próprias de registro dos alunos. Algoritmos prontos não aparecem, e todas as atividades orientam-se por questões. Há que se entender, contudo, que, em ambos os casos, é inerente a perspectiva de se direcionar o ensino de Matemática por meio da resolução de problemas, uma vez que há, na maioria das atividades propostas, um tom de desafio, cabendo ao aluno interagir com a Matemática enquanto objeto do conhecimento, pensando sobre ele e inventando estratégias de solução.

Os livros pesquisados serviam de base para uma reflexão sobre o lugar ocupado pelos problemas matemáticos no ensino da Matemática elementar. Redução e simplificação dos conteúdos apresentados, modificações no olhar do adulto sobre a criança e evolução das próprias concepções de ensino e de aprendizagem são constatações que podem orientar as reflexões atuais sobre a resolução de problemas em sala de aula e auxiliar na própria escolha dos livros didáticos.

Para além dos livros didáticos, a resolução de problemas tem sido apontada em algumas pesquisas e em documentos oficiais no Brasil e no mundo como propulsora de aprendizagens no ensino da Matemática. No relatório para a Unesco feito pela Comissão Internacional sobre Educação para o século XXI, a resolução de problemas tem destaque enquanto um dos "métodos mais modernos" aos quais os professores devem se "adaptar" nesse final de século (DELORS *et al.*, 1998).

O relatório atual revalida essa ferramenta, aliando-a aos projetos: "Um foco em problemas e projetos compartilhados significa que a prioridade é dada ao estudo, à pesquisa e à construção conjunta" (NÓVOA, 2022, p. 50).

Nas pesquisas em Educação Matemática, a resolução de problemas recebeu destaque em Piaget (1973), Fraga (1988), Kamii e Livington (1995), Vale (1997), Carraher (1997), entre outros autores. A pesquisa sobre resolução de problemas na formação inicial de professores também tem tido avanços, destacando-se inclusive um grupo de investigação, cujos trabalhos culminaram em resultados sobre esse tema (FERNANDES *et al.*, 1997).

Kamii e Livingston (1995, p. 121) colocam a resolução de problemas "como a parte mais importante da Aritmética desenvolvida na 3ª série" (crianças de 8 anos). "Por isso, destinamos-lhes três ou quatro, das cinco aulas de Matemática semanais". Essas autoras entendem as práticas em resolução de problemas sob a perspectiva de constante atividade e troca de ideias entre as crianças, evitando-se antecipar respostas ou o direcionamento do raciocínio. Alio-me a elas nesse ponto de vista, embora grande parte das práticas pedagógicas brasileiras enxerguem a resolução de problemas de outra maneira. De acordo com Fraga (1988, p. 102), o conteúdo dos problemas matemáticos em sala de aula tem sido colocado como: "Uma repetição de estruturas lógico-gramaticais similares, associação de palavras a operações sem, ao menos, despertar, provocar, ou incentivar o raciocínio inteligente das crianças".

O uso desse instrumento proposto aqui vai muito além disso. A resolução de problemas possibilitou conhecer e interagir com as formas de pensar daquelas crianças e valorizar as suas construções e algoritmos, isto é, as representações utilizadas por elas para expor seu pensamento. Não me preocupei em que produzissem a resposta que eu queria, a correta. Os problemas motivavam conversas, trocas de experiências e criação de propostas de solução sempre valorizadas.

Minha história de vida escolar motivou-me a pensar em quantas vezes busquei resolver conflitos internos com relação às aprendizagens matemáticas. Por qual motivo, em certos momentos da vida acadêmica, aprender Matemática era tão difícil, se não impossível? E por que em outros momentos essas aprendizagens ocorriam com tranquilidade?

Nossas escolhas profissionais estão ligadas à nossa experiência de vida. Em meu caso, era primordial entrar na escola e olhar aquelas crianças para as quais, assim como para mim em anos pregressos, era tão difícil compreender o que era ensinado. Havia um interesse intrínseco em adentrar os portões da escola pública e encontrar-me com aquelas crianças "difíceis de ensinar" e ver o que se poderia fazer com base em seus olhares atentos à realidade dura que as cercava e, ao mesmo tempo, convidá-las a aprender. Vygotsky (1991) trata da ênfase na mediação do adulto ou de crianças mais experientes nos processos de aprendizagem e construção de conceitos científicos.

Há, para Vygotsky, uma diferença entre o nível real de desenvolvimento da criança, que se constitui nas atividades que ela realiza de forma independente, e o nível potencial apresentado por elas após resolverem a atividade com a ajuda do adulto. A essa diferença ele chama de "zona do desenvolvimento proximal" (VYGOTSKY, 1991).

A adoção desse conceito encaminhou a duas consequências importantes: a primeira diz respeito à minha atuação com as crianças. Intervim por meio da leitura e releitura de problemas, esclarecendo termos e estabelecendo comparações, de forma a possibilitar que elas mostrassem o que de fato seriam capazes de fazer com e sem ajuda. A segunda consequência refere-se à minha crença no período da intervenção enquanto um tempo em que essa "zona do desenvolvimento proximal" seria considerada. Após o trabalho, as crianças teriam um ganho significativo em seu nível de desenvolvimento real, atingindo um "nível potencial". Isso implicaria dominar conceitos antes não dominados.

Os eixos norteadores da dimensão teórico-prática dos capítulos seguintes serão:

1. Os elementos envolvidos na apropriação dos conceitos matemáticos — as situações significativas, as operações mentais inerentes ao conceito de número e às estruturas aditivas, bem como as formas de representação que complementam esse domínio;

2. A compreensão da escola, sobretudo das crianças, como sujeitos históricos em construção, capazes de significar e ressignificar a cada momento conteúdos e práticas sociais. A vinculação do termo "dificuldades de aprendizagem" a essa compreensão é necessária;

3. A interação dos processos cognitivos e socioafetivos mediados pela linguagem inerente às aprendizagens humanas em todas as suas formas.

CAPÍTULO 2

CONSTRUÇÃO SOCIAL DA INTELIGÊNCIA

Este capítulo dedica-se aos fundamentos que explicam os conceitos científicos em sua apropriação pelas crianças e as implicações da interferência do adulto no seu crescimento intelectual e emocional. Enfatizo, com base em teorias que serão expostas, que os educadores precisam resgatar para si a autonomia nas questões educacionais, autonomia essa expropriada pela área médica, à qual foi delegado o poder de enquadrar como doentes crianças que fogem aos padrões de normalidade, nos quais se incluem preconceitos, posições pessoais e currículos elaborados por uma parcela ou grupo que detém o poder, perpassando diferentes tempos e espaços e perpetuando as desigualdades. Essas doenças são tratadas com psicotrópicos, entre os quais o metilfenidato, o qual é amplamente consumido (COLLARES; MOYSÈS, 2013). Já estive com educadores que relatam ter prateleiras específicas em seus armários na sala de aula para guardar os medicamentos das crianças doentes por não apresentarem rendimento acadêmico.

As autoras denunciam os abusos em relação à utilização indiscriminada desses medicamentos como capazes de curar os alunos doentes e consertá-los. Para elas, "O afã de silenciar todo conflito, todo questionamento, toda diferença, a possibilidade de futuros diferentes, aliado à ganância da indústria farmacêutica, ancorado na falta de ética e de compromisso com a vida das pessoas, não tem limites" (COLLARES; MOYSÈS, 2020).

São inúmeras as situações vivenciadas por mim no trabalho clínico relacionadas à medicalização. Certa vez, atendi um garoto de 9 anos cujos pais tinham medo de que fosse reprovado mais uma vez. Fiz um relatório detalhado dessa criança depois de vários encontros. Havia sem dúvida uma apatia com relação aos estímulos, apatia essa que o deixava inerte diante das propostas de atividades apresentadas a ele. Fui à escola, mostrei e detalhei o relatório, solicitando um ano de intervenção com aquela criança antes da retenção, que já seria a segunda.

A escola concordou, mas os pais decidiram levá-lo a um neurologista que lhe receitou o metilfenidato (nome comercial de Ritalina, para o laboratório Novartis, e Concerta, para o laboratório Janssen). Os pais interromperam o trabalho que havíamos iniciado. Pareciam bastante felizes com a receita que o médico passou. Não satisfeita, fui ao médico dialogar sobre o meu relatório. Ele me ouviu, mas disse que o menino tinha "déficit de atenção e precisava do medicamento". Perguntei-lhe se já havia tido muitos retornos positivos sobre essa conduta de sua parte, e ele respondeu: "Sim, sim. As professoras me encontram na rua e dizem: Dr., a criança está muito bem! Vou enviar outra!".

O fato anterior ocorreu no final de um período letivo, e a criança foi promovida para a série seguinte porque eu já havia conversado com os profissionais da escola. No final do ano seguinte, a mãe procurou-me desesperada, pedindo que eu fosse à escola "conversar com eles" porque seu filho seria reprovado. Evidente que não fui porque não havia realizado nenhuma intervenção com a criança e muito menos era eu quem havia prometido a cura do déficit de atenção via medicamento. Fiquei muito sensibilizada, é verdade, pensando em como a história daquela criança poderia ter sido escrita de outra forma.

Resgatar para si a autonomia nas decisões sobre as questões educacionais significa não deixar para a Medicina a palavra final sobre os alunos e suas aprendizagens ou não aprendizagens, mas que haja interação com essa e demais áreas, em uma relação dialógica. Para tanto, defende-se aqui um "mergulho" nas teorias que aprofundam esse campo. Os educadores têm ao seu alcance muitos saberes científicos historicamente construídos, disponíveis para oferecer embasamento com relação ao fracasso ou sucesso dos alunos.

Tratarei dos saberes relativos ao construtivismo e ao sociointeracionismo: o construtivismo, representado por Piaget e seus seguidores, sobretudo os da escola de Genebra; e a vertente sócio-histórica, mais recentemente intitulada histórico-cultural, que tem em Lev Vigotski[3] seu maior representante.

É inegável a influência das vertentes anteriores na formação dos educadores brasileiros nas últimas décadas, entre os quais me incluo. Fica

---

[3] Forma adotada para a grafia desse sobrenome, ao longo do texto, pois há diferentes grafias, dependendo da tradução. Apenas nas citações da obra *Desenvolvimento psicológico na infância*. São Paulo: Martins Fontes, 1998 permanece a grafia Vigotski, mantendo-se a da publicação.

difícil explicar nossas práticas sem nos remeter a essas teorias enquanto explicativas de conceitos fundamentais, utilizados em nossas análises.

Ressalta-se que, para a Educação Matemática, os resultados dos trabalhos de Piaget são essenciais e norteadores da maioria das pesquisas atuais, incluindo as de Gerard Vergnaud, autor da Teoria dos Campos Conceituais.

Por outro lado, o plano *sociogenético* da teoria de Vygotsky altera radicalmente os resultados das pesquisas em Psicologia, sobretudo na desmistificação das teorias inatistas do desenvolvimento e da aprendizagem que tanto serviram e ainda servem para legitimar as práticas pedagógicas tradicionais e justificar as desigualdades sociais e educacionais.

2.1 A Apropriação dos conceitos no âmbito da evolução do psiquismo

Cumpre retomar, em primeiro lugar, os quatro planos genéticos da teoria histórico-cultural, pois são pressupostos básicos para a compreensão do indivíduo.

O primeiro plano que aqui se discute diz respeito à filogênese como base de compreensão do desenvolvimento do psiquismo. Às crianças apontadas pela escola como com "dificuldades" deve ser oferecida a oportunidade de aprender. Entende-se, com base em Vygotsky (1993), que sua pertinência à espécie humana fornece-lhes atributos, tais como: "a plasticidade do cérebro", "a linguagem", a "interação social", entre outros, necessários para seu desenvolvimento. Essa é uma dimensão *filogenética*, que interage com outros três planos integrados na formação do psiquismo.

Paralelamente, evoca-se o plano *sociogenético*, que indica a inserção das crianças em sua comunidade. Nela, recebem e reelaboram "conteúdos culturais, artefatos materiais e simbólicos, interpretações, significados, modos de agir, de pensar, de sentir" (OLIVEIRA, 1997, p. 55). Assim, os primeiros contatos com brinquedos, pessoas, símbolos e situações matemáticas, ainda na fase pré-escolar, influenciarão de modo preponderante na forma de conceber o mundo e de pensar os conceitos matemáticos.

Trata-se de um universo de significações que perpassa a vida da criança, interagindo com o seu desenvolvimento biológico e psíquico, desenvolvimento esse referente à maturação individual e que diz respeito ao plano da *ontogênese*. Nas palavras de Leontiev (*s.d.*, p. 310),

> O que determina diretamente o desenvolvimento do psiquismo da criança é a sua própria vida, o desenvolvimento dos processos reais desta vida, por outras palavras, o desenvolvimento desta atividade, tanto interior como exterior. E o desenvolvimento desta atividade depende, por sua vez, das condições em que ela vive.

A julgar pelas afirmações anteriores, e se as crianças com as quais trabalhei fossem caracterizadas *a priori* apenas com base no contexto em que estão inseridas, eu me revestiria de um certo pessimismo. Isso porque as condições em que vivem são sem dúvida desfavoráveis, como será possível ver mais adiante. Entretanto, é o próprio Leontiev que desmonta essa dimensão determinista de sua fala e aponta para uma proposta educativa transformadora em qualquer que seja o contexto.

> Partindo da análise do conteúdo que se desenvolve na atividade da própria criança, só essa démarche permite compreender o papel primordial da educação que age justamente sobre a atividade da criança, sobre as suas relações com a realidade. (LEONTIEV, s.d., p. 310).

É exatamente essa dimensão do agir sobre a atividade das crianças que precisa ser resgatada pelos educadores, independente do contexto socioeconômico e cultural, no qual estão agindo. O ponto de partida da intervenção pedagógica proposta por mim foi conceber as crianças em pleno processo de construção de conhecimentos. Acreditar em suas possibilidades e compreendê-las enquanto sujeitos históricos em formação, capazes de aprender. Essas aprendizagens "surgem primeiro no comportamento coletivo das crianças", o que justifica a concepção do grupo enquanto mediador desse processo de *internalização* das aprendizagens (VYGOTSKY, 1935, p. 77 *apud* VEER; VALSINER, 1996, p. 344).

Por outro lado, a individualidade das crianças, embora vista sob a óptica de uma construção coletiva, evidencia-se enquanto referência às singularidades apresentadas por elas nas resoluções dos problemas, compreendendo-se, assim, as diferentes formas por meio das quais os sujeitos se apropriaram dos conhecimentos matemáticos. Inegavelmente, o plano *ontogenético* pode conferir à criança incessantes possibilidades de reelaborar a cultura e os conhecimentos adquiridos. Pautar o planejamento das atividades escolares nesse pressuposto é urgente e necessário.

O conteúdo do diário de campo que descrevei a seguir ilustra bem o que foi dito anteriormente.

"ZERINHO OU UM"

Eu sempre quis saber como as crianças da escola "Vida" faziam para escolher o jogador que deveria iniciar o jogo, uma vez que elas ainda não haviam formado o conceito de números pares e ímpares, estratégia usada para esse fim. Foi, então, que num dia em que deveríamos decidir quem começaria a escolha dos adesivos, ocorreu a seguinte situação:

Pesquisadora: Quem vai escolher os adesivos primeiro?

Almir: "Zerinho ou um." (Todos concordam)

Todos dizem: "Zerinho ou um!" Quatro crianças colocam dez dedos sobre a mesa e uma coloca um. Almir conta de dez em dez e soma 1, totalizando 41.

Pesquisadora: E agora?

Almir: Tem que contar, tia. (Todos demonstram conhecer a regra)

Pesquisadora: Como?

Almir começa a contar do 1 e vai correspondendo um algarismo a cada criança, até chegar a 41, que é ele mesmo. Ninguém questiona o fato de ter sido ele próprio o escolhido e a atividade inicia por ele. Era assim que decidiam sempre o primeiro jogador, ou qualquer situação desse tipo. (Diário de campo, 04/11/98)

Noções de correspondência um a um, relações parte e todo, inclusão de classes, quantidades descontínuas, entre outras, foram nitidamente expressas nesse jogo, prática social vivenciada cotidianamente por aquelas crianças para as quais a Matemática dos livros, transcrita no quadro ou nas folhas impressas pela professora, não fazia sentido algum, impedindo seus avanços em símbolos e algoritmos formais. Resgatar e reelaborar essa cultura e esses conhecimentos é tarefa da escola.

Se até aqui foram contemplados os planos *filogenético*, *ontogenético* e *sociogenético* na explicação dos processos psicológicos subjacentes ao desenvolvimento e aprendizagem, resta o plano da *microgênese* na análise da gênese do psiquismo apresentada por Vygotsky. Trata-se da gênese "relativamente de curto prazo, de um processo psicológico determinado" (WERTSCH, 1988 *apud* OLIVEIRA, 1997, p. 56). A relevância desse aspecto justificou a retomada da história da construção das capacidades intelectuais daquelas crianças para resolver problemas matemáticos durante os meses da intervenção. Essa análise possibilitou conhecer em que medida as crianças interpretaram e ressignificaram os conteúdos matemáticos trazidos por elas em sua história ontogenética ao lidarem com os novos conceitos matemáticos na escola, como mencionado no episódio do "Zerinho ou um".

Considerando-se o plano *microgenético*, a "leitura" do material escrito e oral produzido pelas crianças foi o ponto de partida para se conhecer a representação dos conceitos matemáticos. Foi de fato um momento crucial no qual pude conhecer em que nível de compreensão e estruturação do pensamento as crianças estavam. Lamentavelmente, em muitas práticas pedagógicas de ensino de Matemática ainda hoje, não se consideram os "rascunhos" feitos pelos alunos em suas resoluções de problemas. Esses rascunhos são excelentes fontes de informação para que o professor compreenda os processos de aquisição dos conhecimentos de seus alunos e interfira a fim de promover avanços.

2.1.1 Construção dos conceitos científicos

Para uma melhor elucidação deste último plano, torna-se coerente resgatar a abordagem "vygotskyana" sobre a apropriação dos conceitos científicos. Tal abordagem refere-se a dois níveis de apropriação de conceitos por parte do sujeito. O primeiro é o nível dos conceitos cotidianos ou espontâneos "formados pela criança sem a ajuda do aprendizado sistemático". O segundo é o nível dos conceitos científicos, aqueles que são ensinados às crianças na escola. De acordo com esse autor, a construção desses conceitos dá-se de forma diferenciada, uma vez que a experiência das crianças com aquilo que se ensina na escola é diferente de suas aprendizagens cotidianas.

Colocando-se em uma posição de completa valorização da escola e de sua importância no desenvolvimento intelectual dos alunos, Vygotsky sugere que os dois conceitos diferem quanto ao seu desenvolvimento e funcionamento, embora influenciando-se mutuamente em sua evolução. Considera, ainda, que a evolução dos dois conceitos se dá de forma inversa.

> O domínio de um nível mais elevado dos conceitos científicos também eleva o nível dos conceitos espontâneos. [...] Poder-se-ia dizer que o desenvolvimento dos conceitos espontâneos da criança é ascendente, enquanto o desenvolvimento de seus conceitos científicos é descendente, para um nível mais elementar e concreto. (VYGOTSKY, 1986, p. 93).

Essa dimensão superior dos conceitos científicos em relação aos cotidianos reside, segundo o autor, no fato de que a própria "noção de um conceito científico implica uma certa posição em relação a outros conceitos, isto é, um lugar dentro de um sistema de conceitos" (VYGOTSKY, 1986, p. 80). O "poder" dos conceitos científicos está exatamente em lançar as bases dessa sistematização, transferida, posteriormente, para os conceitos espontâneos, modificando sua estrutura. No momento em que um conceito científico se internaliza, ele torna-se espontâneo.

É interessante observar a reação de crianças quando estão em casa ou em outros locais fora da escola. Elas relacionam as aprendizagens cotidianas com o que aprendem na escola. Certo dia, brinquei com uma criança de 9 anos dizendo que ela estava crescendo e ficando feia, sem graça... Claro que em tom de brincadeira e querendo dizer o contrário. Uma outra criança de 7 anos que estava por perto disse: "Você está querendo dizer o antônimo de tudo isso, não é, tia?" Provavelmente, essa criança construiu na escola o conceito de antônimo das palavras em situações significativas, transformando um conceito científico em espontâneo. Frequentemente, observo crianças fazendo essas extrapolações.

A importância da intervenção dá-se enquanto um espaço de construção de sistemas de conceitos científicos, levando-se em conta a relevância da aprendizagem dos conteúdos escolares para o desenvolvimento intelectual das crianças. Esse *desenvolvimento ideal* entre os conceitos científicos e espontâneos vai tornando-se explícito, evidentemente "dependendo das características da instrução" (PANOFSKY, 1996, p. 246). Entende-se aqui as características da instrução, em sua dimensão significativa, ponto de partida essencial em todo o processo da intervenção. Conteúdos sem significado para os sujeitos aprendizes não promovem avanços.

Embora Vygotsky aponte Piaget como o primeiro teórico a reconhecer a fronteira entre as ideias trazidas pelas crianças e aquelas influenciadas pelos adultos, também o critica, uma vez que Piaget apenas se atém ao estudo dos conceitos espontâneos para compreender a natureza do pensamento infantil. "Ele não consegue ver a interação entre estes dois tipos de conceitos e os elos que os unem, num sistema total de conceitos, durante o desenvolvimento intelectual da criança" (PANOFSKY, 1996, p. 73).

A interpretação dessas diferenças ficou evidente na citação a seguir.

> Para Piaget, o desenvolvimento de estruturas mentais precede a aprendizagem de conceitos lógica ou sistematicamente organizados, enquanto para Vygotsky, a aprendizagem de conceitos sistemáticos precede o desenvolvimento de uma estrutura lógica elaborada. (PANOFSKY et al., 1996, p. 247).

Mesmo que Piaget tenha pesquisado nas crianças a formação de conceitos científicos como o de número ou de estruturas aditivas sem uma diferenciação explícita entre os dois processos (científico e espontâneo), a compreensão do desenvolvimento dos conceitos matemáticos nas crianças por meio desse autor abre caminhos para novas interpretações e implicações pedagógicas que não poderiam ser aqui negligenciadas.

É nessa perspectiva que tomarei o modelo de Vergnaud, cujos pressupostos têm origem em Piaget como proposta explicativa para a análise da evolução das crianças pesquisadas, principalmente porque esse modelo contém os elementos basilares constituintes da aprendizagem matemática.

CAPÍTULO 3

GERARD VERGNAUD E OS CAMPOS CONCEITUAIS

Uma das contribuições da Educação Matemática em minha formação foi o conhecimento da teoria dos Campos Conceituais de Gerard Vergnaud.

Segundo Vergnaud (1994, p. 8), a apreensão de qualquer conceito matemático envolve uma atividade complexa do pensamento humano, por ele sistematizada em três elementos:

> S — Conjunto de situações que dão sentido ao conceito (referência);
>
> I — Conjunto de invariantes em que se baseia a operacionalidade dos esquemas (significado);
>
> Y — Conjunto das formas de linguagem que permitem representar simbolicamente o conceito, suas propriedades, as situações e os procedimentos de tratamento (significante).
>
> C = (S, I, Y)

Como o próprio autor menciona, essa é uma visão de conceito matemático como uma "trinca de conjuntos". Nas resoluções das atividades realizadas pelas crianças, elas revelam a necessidade de *situações* significativas por meio das quais possam pensar sobre as estruturas aditivas ou outras. Daí a importância de os problemas matemáticos envolverem situações do dia a dia, tornando-se essencial na elaboração das atividades que o professor conheça a realidade das crianças.

Antes, porém, de avançar nas formulações de Vergnaud, vale lembrar o conceito de número como parte basilar das estruturas aditivas. O trabalho de Ocsana Danyluk (1998) retrata a gênese de uma trajetória intelectual de crianças de 4 a 6 anos no processo de alfabetização matemática. Segundo essa autora, as crianças por ela pesquisadas revelaram, sobretudo por meio de suas falas e escritas, as seguintes relações matemáticas enquanto situações matemáticas ligadas entre si: agrupamento, contagem e correspondência, comparação, percepção de tamanho, altura e quantidade, diferença, peso, sentido, direção e ordem.

Esses resultados são interessantes para o presente trabalho, a fim de auxiliar na compreensão da razão de as crianças não conseguirem, inicialmente, resolver determinadas situações-problema, caso não dominem todas essas relações. Seriam esses, na visão de Vergnaud, os *Invariantes Operatórios* (significado), ou seja, as relações e operações que dão significado ao conceito.

Por fim, as formas de representar as operações e relações usadas pelas crianças, isto é, os *invariantes*, constituem o material por meio do qual é possível compreender o seu desenvolvimento, revelando o que Vergnaud denomina "conjunto das formas de linguagem (significante)".

No contexto das aulas de Matemática elementar, a linguagem matemática ainda se restringe às quatro operações, dando-se prioridade ao ensino de algoritmos, denominados "continhas", sendo muitas vezes o instrumento pelo qual os professores avaliam a aprendizagem matemática dos alunos. Verifica-se a pouca importância atribuída à resolução de problemas e, com isso, o cerceamento das possibilidades dialógicas que eles proporcionam.

3.1 A resolução de problemas e a teoria dos campos conceituais

Compreender melhor o desempenho dos alunos em relação às primeiras aquisições matemáticas e atuar de modo a fazê-los avançar em seus conhecimentos requer um ponto de partida. Os problemas devem conter nível de dificuldades e desafios compatível não só com a faixa etária das crianças, mas também com suas experiências em relação aos conhecimentos formais.

Priorizar as estruturas aditivas do pensamento nas crianças que terminam o terceiro ano é basilar, sobretudo porque essas estruturas são o suporte para muitos conhecimentos a serem apropriados futuramente.

Explico a terminologia Campo Conceitual das estruturas aditivas com base em Vergnaud, para quem um Campo Conceitual é

> [...] um informal e heterogêneo conjunto de problemas, situações, conceitos, relações, estruturas, conteúdos e operações do pensamento, conectados um ao outro, e que, provavelmente, estão conectados durante a sua aquisição. [...] Igualmente, eu creio que os conteúdos de medida, adição, subtração, transformação de tempo, relações de comparação, deslocamento e abcissa em um eixo, e números naturais e relativos, são também elementos de um mesmo campo conceitual, o campo conceitual das "estruturas aditivas". (VERGNAUD, 1982, p. 40).[4]

Segundo Piaget, em quem Vergnaud se fundamenta, o fato de uma criança saber quantificar uma determinada coleção de objetos não significa que ela já saiba efetuar uma adição. Para ele,

> Só se obtém uma assimilação real, se o sujeito é capaz de conceber uma soma qual 6 como uma totalidade, englobando as parcelas 2 e 4, a título de partes e de situar as diversas combinações possíveis num grupo de composições aditivas. Se essas condições não são preenchidas, a adição não é compreendida a título de operação. (PIAGET, 1975, p. 261).

Em suas pesquisas a respeito da construção dessas estruturas, Piaget conclui que, em um primeiro momento, a sua evolução se dá na criança apenas em um nível perceptivo, em que elas trabalham com essas noções de coleções e de elementos dessas coleções, em uma "percepção simultânea do todo e de seus elementos". Isso garante à criança a capacidade de compreender as coleções dois, três ou quatro. Fora desses "números intuitivos" nessa primeira fase, as crianças ainda "não sabem efetuar a enumeração e a totalização, uma em função da outra. Daí a sua incapacidade com relação à correspondência termo-a-termo, que supõe precisamente, a reunião desses processos, num só todo" (PIAGET, 1975, p. 274).

Em um segundo momento, Piaget já identifica nas crianças pesquisadas uma evolução na conquista das estruturas aditivas do pensamento. A *enumeração* e a *totalização* das coleções de objetos, vivenciadas pelas

---

[4] Vergnaud (1982, p. 40): "By conceptual field, I mean an informal and heterogeneous set of problems, situations, concepts, relationships, structures, contents and operations of thought connected to one another and likely to be interwoven during the process of acquisition. [...] Similarly, I believe that the concepts of measure, addition, subtraction, time transformation, comparison relationship, displacement and abscissa on an axis, and natural and directed number are also elements one single conceptual field of additive structures".

crianças na etapa anterior, mas ainda não construídas, vão evoluindo de acordo com suas experiências com os objetos, transformando-se em *seriação* (derivada da enumeração) e *composição figurada* (derivada da totalização). Essa "síntese intuitiva" (seriação e composição) garante nessa segunda fase a correspondência termo a termo, ou seja, a capacidade de comparar duas quantidades correspondendo nome do número ao objeto em uma dada quantificação (PIAGET, 1975, p. 274).

Nessa evolução, um terceiro e decisivo momento na conquista das operações aditivas seria

> Uma síntese durável entre a enumeração e a coligação, tornando-se assim, uma e outra operatórias e independentes das figuras percebidas: enumerando os elementos de um conjunto, a criança torna-se, pois, capaz de compreender que cada um dos termos desta série é definido em relação à própria coleção dos elementos assim seriados, com esta coleção constituindo, por outro lado, uma totalidade invariável. (PIAGET, 1975, p. 275).

A *enumeração* e a *totalização* descritas por Piaget ajudam a compreender os *invariantes operatórios* da formulação de Vergnaud a respeito do conceito matemático e serão retomadas no capítulo 7, nas reflexões sobre os dados da intervenção.

Como se vê, há uma complexidade nos elementos envolvidos na resolução de problemas. Tal complexidade, na maioria das vezes, é desconhecida pelos educadores que julgam, em primeira e última análise, que "as crianças não sabem resolver problemas porque não sabem interpretar textos". Para além disso, a Matemática tem um corpo de conhecimentos que lhes são próprios e exigem estruturas de pensamento próprias, embora seja preciso interpretar um texto para se compreender uma situação-problema. A própria compreensão do texto relaciona-se a elementos lógico-matemáticos necessariamente construídos. Em um dos encontros, enquanto conversávamos sobre um dos problemas, percebi que uma das crianças não compreendia o que significava a expressão "cada um" que tanto aparece nas formulações: *com quantos elementos cada um ficou?*

Além dessa necessária compreensão sobre o campo conceitual das estruturas aditivas, também ganha importância uma conceituação a respeito dos tipos de problemas a serem trabalhados com as crianças.

Escolhi apenas três das seis categorias apontadas por Vergnaud (1982) sobre os problemas das estruturas aditivas, definidas conforme segue:

> Categoria I: Composição de duas medidas - Problema F: Pedro tem 6 bolinhas de gude em seu bolso direito e 8 em seu bolso esquerdo. Ele tem 14 bolinhas ao todo.
>
> Há duas classes principais desses problemas: - encontrar c, conhecendo a e b; - encontrar a (ou b), conhecendo b (ou a) e c.
>
> Categoria II: A transformação envolve duas medidas (estado-transformação-estado) - Problema G: Pedro tinha 17 bolinhas no início do jogo. Ele perdeu 4. Pedro tem agora 13 bolinhas. Há 6 principais classes desses problemas:- encontrar c conhecendo a e b (b>0 e b<0); - encontrar b conhecendo a e c (c>a e c<a); - encontrar a conhecendo b e c (b>0 e b<0).
>
> Categoria III: Uma relação estática envolve duas medidas (estado-relação-estado) - Problema H: Pedro tem 8 bolinhas. Ele tem 5 a mais que João. João tem 3 bolinhas. Há 6 principais classes desses problemas, análogos aos descritos na categoria anterior[5]. (VERGNAUD, 1982, p. 42).

Essa categorização foi importante para definir parâmetros mínimos não homogeneizadores, mas que norteassem o trabalho. Entretanto, os instrumentos para a resolução desses problemas não poderiam ser papel e lápis devido ao fato de a leitura e a escrita ainda não terem sido apropriadas pelas crianças. Busquei, então, extrair de jogos e situações significativas as categorias de problemas anteriormente definidas, como se poderá verificar mais adiante.

Araújo (1996, p. 112) lembra que

> [...] a busca e o encontro da criança com um mundo no qual seus sentidos humanos possam ser expressos conforme seus desejos e suas necessidades espirituais, é o que caracteriza sua constante afinidade com a brincadeira e com o lúdico.

---

[5] "Category I: Composition of two measures – Problem F: Peter has 6 marbles in his right-hand pocket and 8 marbles in his left-hand pocket. He has 14 marbles altogether. There are two mail class in this category: find c, knowing a and b; find a (or b) knowing b (or a) and c. Category II: A transformation links two measures (state-transformation-state). Problem G: Peter have 17 marbles before playing. He has lost 4 marbles. He now has 13 marbles. There are 6 main class of problem: find c, knowing a and b (b>0 e b<0); find b, knowing a and c (c>a e c<a); find a, knowing b and c (b>0 e b<0). Category III. A static relationship links two measures (state-relationship-state): Problem H – Peter has 8 marbles. He has 5 more than John. John has 3 marbles. There are 6 main class of problems analogous to those described in before category".

A autora lembra, ainda, que

> [...] não se pode restringir o universo do jogo, do lúdico, das brincadeiras, à utilização do brinquedo como objeto de uso manipulativo. Uma vez que não é o objeto em si que determina a existência do lúdico, mas o significado e a realidade a ele atribuídos. (ARAÚJO, 1996, p. 113).

Isso esclarece o porquê de a proposição de um determinado jogo para as crianças muitas vezes não lhes despertar o interesse. Em outros momentos, atividades não muito significativas do ponto de vista do adulto suscitam o envolvimento e o interesse das crianças.

Vygotsky discute o desenvolvimento do psiquismo infantil por meio da teorização a respeito de temas centrais e interligados, como o pensamento, a emoção, a imaginação e a vontade. Em sua teoria, a compreensão desses processos e suas construções no indivíduo dá-se em sistemas funcionais interligados. Sem a consideração dessas conexões, a Psicologia não daria conta de explicá-los. Assim,

> Torna-se compreensível a complexa relação existente entre a atividade do pensamento realista e a imaginação em suas formas superiores e em todas as fases do seu desenvolvimento. [...] Toda penetração mais profunda na realidade exige uma atitude mais livre da consciência para com os elementos dessa realidade, um afastamento do aspecto externo da realidade dada imediatamente. (VIGOTSKI, 1998, p. 129).

O mundo imaginário construído pelas crianças ao ouvirem uma história, realizarem um teatro ou um desenho passa a significar, segundo Vygotsky, muito mais do que simples momentos recreativos. Esse mundo torna-se parte essencial do desenvolvimento psíquico, rumo a uma crescente construção de formas cada vez mais abstratas (pensamento realista) no domínio dos conhecimentos historicamente construídos por parte das crianças.

A compreensão dessas conexões entre as funções psíquicas tem efeitos profundos na prática do ensino da Matemática. O ensino de um conceito matemático não poderia jamais se iniciar pela apresentação de algoritmos (representações escritas formais), pois esse seria um dos níveis mais elevados do pensamento, não podendo ser o ponto de partida, como parece ocorrer em grande parte das práticas pedagógicas atuais.

Nas situações de jogos, em que devem ser exploradas as diversas categorias de problemas, torna-se basilar o espaço para a interação verbal. A verbalização das operações pelas crianças constitui-se em uma necessidade antes que elas se transformem em cálculos mentais. Concordo com Leontiev (1997, p. 349) quando afirma que o ensino da Matemática começa

> [...] pela formação ativa na criança, de operações com objetos exteriores que são manipulados e enumerados. Depois, essas operações exteriores transformam-se pouco a pouco, em operações verbais (cálculo em voz alta), reduzem-se e adquirem, finalmente, o caráter de operações interiores (cálculo mental), que tomam a forma automatizada de simples atos associativos.

A ênfase dada ao conceito "formação ativa na criança" privilegia o envolvimento desta na atividade com objetos concretos. Destitui as práticas pedagógicas utilitaristas de suas pretensas intenções de "ensinar com material concreto" sem a consideração dos diferentes sentidos atribuídos a esses objetos por parte das crianças. Esses sentidos constroem-se mediante a experiência individual dos sujeitos e envolvem a intensa participação da criança. Por muitas vezes, preparei atividades elaboradas e bem-planejadas, colocando grande expectativa em relação ao óbvio interesse que elas despertariam nas crianças. Qual não era minha surpresa ao perceber nenhum interesse, obrigando-me a repensá-las!

Essa compreensão é essencial na perspectiva histórico-cultural, uma vez que não se concebe nela a aprendizagem ou a construção de conceitos sem a internalização, por parte do sujeito, dos objetos do conhecimento, os quais só adquirem sentido se mediatizados pelas interações sociais e pela linguagem. E são esses os dois elementos que, ao longo do desenvolvimento das atividades escolares, são capazes de conferir sentido e significado à aprendizagem. Nesse contexto, o vínculo afetivo também se constrói.

Para Leontiev, o jogo tem papel preponderante na estruturação da subjetividade da criança em sua apropriação das funções sociais e das normas de comportamento, assim como em diversos processos de abstração e de generalização, tais como no conceito de cor, por exemplo, cuja origem se dá na atividade lúdica (LEONTIEV, 1997, p. 311).

Em síntese, a escolha de problemas matemáticos capazes de envolver os alunos, possibilitando-lhes a atribuição de sentidos e o avanço das estruturas cognitivas, não é tarefa simples, pois envolve o conhecimento do contexto dos resolvedores de problemas, seus saberes e interesses. Envolve, ainda, um conhecimento a respeito dos *invariantes operatórios* já construídos pelos sujeitos, o que exige da escola a formulação de estratégias cada vez mais efetivas de avaliação, no sentido de acompanhar de perto a aprendizagem dos alunos.

Acompanhar de perto é ter clareza daquilo que expressam em suas resoluções ao entrarem em contato com os conteúdos formais. Uma das práticas incentivadas foi o uso da calculadora. Cada criança foi presenteada com uma calculadora com funções básicas, a qual era utilizada em diferentes momentos. Ver as crianças apropriando-se desse instrumento de cálculo e de suas funções foi muito gratificante.

Por outro lado, a realidade do cotidiano das crianças das escolas públicas (sobretudo as de periferia) aponta para um aprofundamento dos estudos de como esses instrumentos modernos poderiam efetivamente contribuir para promover a cidadania dos alunos. Segue uma análise mais detalhada sobre como as crianças que não têm contato em seu dia a dia com a calculadora (e provavelmente com o computador) recebem pela primeira vez esses instrumentos como materiais de apoio na aprendizagem.

A calculadora poderia inserir-se no conjunto dos elementos Y do conceito matemático proposto por Vergnaud, ou seja, o "Conjunto das formas de linguagem que permitem representar simbolicamente o conceito, suas propriedades, as situações e os procedimentos de tratamento (significante)".

Embora seja possível dizer que o avanço das tecnologias da informação e da comunicação ampliaram muito essas formas de linguagem e representações, o acesso a essas tecnologias dá-se de diferentes formas, de acordo com o nível socioeconômico das diferentes realidades escolares. Especificamente para as crianças da escola "Vida", esse acesso era restrito. Nove das 12 crianças não haviam sequer tido contato anterior com a calculadora.

Foi-lhes apresentada uma calculadora como forma de apoio para a resolução de um problema. Mas a regra era de que, antes da calculadora, as crianças deveriam expressar seu pensamento por meio de desenhos e/ou do uso de objetos. As atividades foram aplicadas individualmente em encontros de 30 minutos aproximadamente.

Selecionei a resolução individual de Ana, uma das crianças atendidas, para a situação a seguir.

Evandro tinha 15 adesivos e perdeu 6. Com quantos adesivos ele ficou?

Ana, após contar nos dedos, fez o seguinte registro e disse: *"Quatro!"*.

P — Como você fez?
A — Contei na mão. Agora, vou fazer aqui. (Pegando a calculadora)
P — Antes de fazer na calculadora, vamos fazer com desenhos ou números?
Ela registra:

10 11 12 13 14 15

A — Eu não sei. Não vou fazer.
P — Então, é só você que vai ficar sem fazer?
A — A Lídia não fez.
P — Fez sim, olha o trabalho dela...

Ana recomeçou a fazer e utilizou "traços" para representar a operação:

A — Deu nove!
P — Viu como você fez?
A — Mas eu não fiz com desenhos. Eu fiz com pauzinhos.

P — Então, pode também fazer com números.
Ela faz a sequência

1-2-3-4-5-6-7-8-9-10-11-12-13-14-15

A — Ah! Errei (e faz novamente):

1-2-3-4-5-6-7-8-9-10-11-12-13-14-15

A — Errei de novo. Vou fazer outra vez.

1-2-3-4-5-6-7-8-9-10-11-12-13-14-15

A — Pronto! Sobrou 9 adesivos.
P — Agora, acho que pode usar a calculadora.

Ao realizar a operação na calculadora, utilizou o mesmo processo usado no registro anterior e constatou que a calculadora só aceitava oito dígitos.

A — Não dá certo!

Voltou-se para o papel e realizou novamente o registro da sequência numérica:

A — Eu errei, mas deu 9.
P — E na calculadora?
A — Não dá.
P — Claro que dá! Lembra que fizemos na lojinha?
A — Ah!

Começou a somar 1 + 2 + 3 até 15 e surpreendeu-se com o resultado 120, o total da soma que ela nem mesmo sabia ler. Repetiu a operação e verificou o mesmo resultado.

P — Vamos olhar nos seus "pauzinhos", você disse que fez 15 menos...
A — Seis!

Bastou essa pequena interferência para que ela pegasse a calculadora e efetuasse 15 - 6 = 9.

Ana — Ah!
P — Pode fazer com a caneta agora?

Ana concordou e registrou:

$$15 - 9 = 9$$

Embora ela tenha invertido a posição do 6, encerrei a atividade por aí, sem mais interferir. (08/12/98)

Das 12 crianças com as quais o trabalho foi realizado, assim como Ana, seis conseguiram compreender os mecanismos operatórios na calculadora. As demais complicavam-se na hora de operar, trocando a ordem de digitação dos sinais, não compreendendo o porquê de os sinais não aparecerem no visor com o resultado, ou não conseguindo transferir a operação de um problema para a calculadora. Mesmo quando acertavam o mecanismo operatório, não utilizavam a calculadora como um instrumento de apoio na hora de resolver o problema.

Tanto a resolução de Ana como a das demais crianças revelou que não basta simplesmente introduzir a calculadora em sala de aula. No contexto das crianças pesquisadas, a calculadora não era um objeto de uso constante, e apenas três crianças já haviam tido acesso a ela antes.

O percurso de Ana na resolução do problema mostrou diferentes formas de representar a operação "15 - 6 = 9", mas todas as notações por ela utilizadas demonstraram sua capacidade de operar, evidenciando sua compreensão das cardinalidades 15, 6 e 9, incluindo quantidades menores em maiores.

A necessidade de colocar em série a sequência de números para representar determinadas quantidades já foi apontada nos estudos de Daniluk (1998) sobre Alfabetização Matemática em crianças de 4 a 6 anos. Entretanto, o que essa autora ressalta em sua pesquisa difere em parte dos resultados aqui encontrados. Segundo ela, as crianças por ela pesquisadas

> Escrevem uma série de números sempre que necessitam registrar uma quantidade formada de elementos descontínuos. No entanto, é interessante perceber que a escrita de uma diferença ou de uma soma, ou ainda, a escrita do número do dia de um determinado mês, é feita apenas por um número. (DANILUK, 1998, p. 223).

No caso de Ana, os registros das séries numéricas foram explicitamente usados para organizar suas ideias e realizar a operação, ainda que sua primeira representação tenha sido a busca da semelhança de um algoritmo convencional da subtração, portanto, usando três algarismos e um traço, como se pode ver:

Para Piaget (1971, p. 272), as estruturas aditivas nas quais poderia estar incluído o problema anterior são de aparecimento tardio, e o fato de uma criança conseguir constituir coleções providas de um nome de número, por exemplo, dois, três ou quatro, não significa que ela seja capaz de realizar operações aditivas. Entendo que a análise dos mecanismos usados pelas crianças na resolução desse tipo de problema ainda tem muito a nos revelar.

As ideias levantadas anteriormente remetem-nos a uma postura mais criteriosa no que concerne ao uso da calculadora e de outras tecnologias em sala de aula. Essas tecnologias constituem-se em elementos importantes, mas devem ser vistas por meio de sua complexidade enquanto instrumentos que exigem das crianças capacidade de representação e habilidade em lidar com símbolos. Essas capacidades podem não estar "pré-construídas" nos alunos.

Se, por um lado, não podemos privar nossos alunos do contato com inovações tecnológicas necessárias ao exercício da cidadania no mundo atual, sobretudo os alunos de classes populares, por outro, é preciso delinear discussões a respeito de "como" trabalhar esses instrumentos em sala de aula, para que não sejam só mais um mecanismo de repressão e exclusão social, caso a lógica que rege tais instrumentos não seja dominada pelos alunos. Afinal, isso ocorre com grande parte dos conteúdos matemáticos ainda hoje.

CAPÍTULO 4

LINGUAGEM E SOCIOAFETIVIDADE

4.1 Combinando linguagem e aprendizagem matemática

No dizer de Oliveira (1994, p. 36), "a palavra é a mediação das interações sociais e verbais, é a materialização dos signos sociais em enunciação concreta e única". Assim, era necessário viabilizar nos encontros com as crianças uma abertura ao diálogo, de modo que, por meio da palavra, os mundos, as vivências e o existir de cada um passassem a existir no grupo e, assim, servissem como suporte na condução das atividades.

Os professores de Matemática frequentemente vêm restringindo a importância da linguagem no desenvolvimento dos conteúdos escolares, a qual se constitui como um elemento essencial na construção dos conceitos dessa disciplina, pois a Matemática utiliza uma simbologia própria e cada vez mais abstrata. Assim, a referência à linguagem no ensino da Matemática ocorre em contextos e momentos diversos, como no diálogo das crianças a respeito dos jogos e problemas, nas diferentes notações utilizadas por elas, na representação de seu raciocínio e nas notações convencionais, representadas nos tantos algoritmos próprios dessa área do conhecimento.

Essa relação tão intensa entre a palavra e o pensamento é exaustivamente enfatizada por Vygotsky, que sugere o significado da palavra como elemento único da fala e do pensamento. Em suas palavras,

> O significado das palavras é um fenômeno de pensamento apenas na medida em que o pensamento ganha corpo por meio da fala. E só é um fenômeno da fala na medida em que ela é ligada ao pensamento, sendo iluminada por ele. É um fenômeno do pensamento verbal ou da fala significativa — uma união da palavra e do pensamento. (VYGOTSKY, 1993, p. 104).

Os limites da escola em propiciar a construção de conceitos matemáticos pelas crianças está muitas vezes na inibição da fala. A verbalização por parte das crianças quando efetuam um cálculo ou quando pensam a respeito de um determinado problema é tão necessária quanto a relação com os objetos concretos nos primeiros anos de escolaridade. Quando o professor desconsidera essa necessidade e pede silêncio no momento em que as crianças estão resolvendo suas atividades e usando a fala, de certa forma ele bloqueia um momento necessário na construção do conhecimento.

Destacarei neste tópico algumas das principais dimensões apresentadas pelas pesquisas atuais sobre a linguagem em Educação Matemática, assim como suas principais contribuições teóricas.

Alguns estudos produzidos com base em pesquisas em Educação Matemática vêm destacando a *metacognição* como um importante elemento na apropriação dos conhecimentos matemáticos e parte integrante das práticas em resolução de problemas (MCLEOD, 1989; VALE, 1997; SZTAJN, 1997; SANTOS, 1994). O conceito de metacognição tem sido expresso como

> [...] o conhecimento de alguém, sobre seus próprios processos cognitivos ou algo relacionado a eles. [...] Refere-se, entre outras coisas, ao monitoramento ativo e consequente regulação e orquestramento daqueles processos, em relação aos objetos cognitivos, ou dados sobre os quais eles se sustentam. (FLAVELL, 1976 *apud* SANTOS, 1994, p. 7).

Não constatei resultados dessas pesquisas em crianças de 8 ou 9 anos. Acredito que isso se dê em razão de ser mais difícil nessa faixa etária que as crianças falem ou escrevam sobre seus conhecimentos, sobretudo crianças oriundas de contextos sociais nos quais a linguagem verbal é pouco estimulada. Estudos sobre como os sujeitos entendem o seu conhecimento envolvem, como ponto de partida para análise, suas falas e produções escritas, merecendo maior aprofundamento em pesquisas posteriores.

Gostaria de propor uma explicação para esse aspecto da metacognição sob o olhar de Vygotsky. Embora sem dizer explicitamente o termo "metacognição", ele refere-se à evolução da consciência e controle por parte do sujeito a respeito de seu conhecimento. Em suas palavras, "a consciência e o controle aparecem apenas em um estágio tardio do desenvolvimento de uma função, após esta ter sido utilizada e praticada inconsciente e espontaneamente" (VYGOTSKY, 1993, p. 78).

Sob esse aspecto, à medida que as crianças utilizam e praticam os conhecimentos aprendidos na escola, tornam-se cada vez mais capazes e conscientes de assumir o controle de seus processos mentais. Quando essa evolução não acontece, valeria a pena verificar em que medida a escola está lhes oferecendo oportunidade de utilizar e praticar os conhecimentos adquiridos, ou então, até que ponto estão adquirindo conhecimento.

As pesquisas construtivistas vêm tentando compreender como as crianças constroem as notações matemáticas e, com isso, tem-se observado que elas elaboram procedimentos não convencionais, embora coerentes, quando são solicitadas a resolverem tarefas de Matemática, a exemplo de quando tomam notas ou escrevem sem ter aprendido antes (SINCLAIR, 1990, p. 75). Para essa autora, na escrita dos números, "a relação entre uma grafia isolada, sua denominação e sua significação são mais claras do que no caso da escrita das letras" (SINCLAIR, 1990, p. 73-74). Além disso, a diferença entre a apropriação das letras e dos números acentua-se pela relação de posição que um algarismo conserva com outros algarismos, não havendo relação grafia-som, como ocorre em relação à palavra escrita.

Compreender o algarismo "11" como o representante da quantidade 11, cuja lógica do sistema de representação relaciona-se ao "1 dezena" e ao "1 unidade", é consequência de um processo de construção que tem início muito antes de a criança entrar na escola, advindo, portanto, de suas experiências em relação ao mundo e das interações que lhe são oferecidas. Para tanto, a linguagem exerce um papel fundamental e preponderante. Avançar na construção do conhecimento matemático sem a participação constante da linguagem é inconcebível na abordagem aqui adotada.

Outros elementos importantes sobre a apropriação da linguagem, na perspectiva vygotskyana, são os aspectos semânticos e sintáticos da linguagem. O aspecto semântico constitui-se em um elo de dependência intrínseca "entre toda a atividade da criança e todo o seu pensamento e a realidade externa" (VIGOTSKI, 1998, p. 77). E, aqui, reporto-me novamente ao elemento I da teoria de Vergnaud, ou seja, os *invariantes operatórios* que compõem o significado do conceito matemático. A apropriação dessas invariantes é uma etapa que, poder-se-ia dizer, precede as *representações* e se constrói por meio da interação do sujeito com situações significativas, com objetos manipulativos ou não, cujo significado se alicerça sobre a linguagem. Para ilustrar tais assertivas, refiro-me ao comportamento de Josi, uma das crianças que, ao realizar a operação 10 - 3 = 7 na resolução de um problema, o fazia sempre repetindo a frase: "*Tinha 10, sumiu 3...*". Apoiava-se nos objetos, nos dedos, desenhava, mas estava sempre repetindo verbalmente: "*Tinha 10, sumiu 3...*"

A relação entre a linguagem e a resolução dos problemas matemáticos ainda é pouco considerada pela escola. Não deveria ser assim, pois o sentido expresso nas palavras é constituinte da estruturação do pensamento, uma vez que é nela que ele se desenvolve. A oportunidade de as crianças reunirem-se em grupos para discutir a respeito de um certo problema e possibilitar o confronto de suas hipóteses constitui-se em uma prática geradora de conhecimentos novos.

Quando analisa as relações entre a aprendizagem das formas sintáticas e semânticas da linguagem, Vygotsky defende que o desenvolvimento dessas formas se dá em direções opostas, ou seja, "A linguagem infantil se desenvolve da palavra à frase, ao passo que, nas expressões infantis, o desenvolvimento do sentido vai da frase inteira a palavras soltas" (VYGOTSKY, 1993, p. 71).

No momento em que as crianças estão realizando uma atividade, a forma como elas devem expressar seu pensamento e a lógica do raciocínio, a qual é compreensível pelo adulto, é a forma sintática. No caso das crianças em que a linguagem se manifesta por meio de estruturas sintáticas "restritas", restringe-se também o universo de possibilidades de intervenção do adulto. Explicar verbalmente "como pensou" não é algo fácil para muitas crianças na tentativa de se fazerem compreender pelo adulto.

Entretanto, outras formas de linguagem além da palavra podem ser consideradas quando se trata de propor o desenvolvimento e a estruturação do pensamento infantil, a exemplo do desenho e das artes cênicas. Importa, nesse caso, que às crianças sejam dadas condições de atribuição de sentido às suas experiências com a realidade. Ao oferecer essas formas, o adulto terá meios diversos de compreender o sentido dado pela criança, as suas expressões, o que facilita a elaboração de novas atividades e o trabalho com novos conhecimentos.

4.2 A dimensão socioafetiva no cotidiano

As relações sociais vivenciadas pelas crianças são determinantes na construção de suas subjetividades. Essas construções ocorrem dialeticamente no ambiente familiar, na escola e nas interações com outros sujeitos. Daí a relevância dos aspectos socioafetivos para a aprendizagem.

A começar pelo ambiente familiar, a forma como se estruturam as famílias atualmente é bastante variada e difere do modelo tradicional pensado na/pela sociedade de classes e comumente veiculado pela escola como padrão. É uma consideração importante a respeito da socioafetividade, pois essas relações familiares são determinantes na formação afetiva e cognitiva das crianças. À escola cabe compreendê-las sem preconceitos ou julgamentos.

As reflexões de Gomes (1995, p. 85) possibilitam a compreensão dos significados de família com base em dois referenciais: de um lado, temos "a família pensada, que se refere a uma união exclusiva de um homem e uma mulher, que se inicia no amor, com a esperança de que lhes seja favorável e de que ela seja definitiva [...] devendo ser estabelecida no modelo pai-mãe-filho, estável". De outro lado, temos a família vivida, aquela que corresponde à realidade das crianças, estruturando-se como famílias "monoparentais, chefiadas pela mãe, núcleo de famílias em torno da mãe mais velha, núcleo em torno de uma parenta ou madrinha, e até mesmo, uma organização tipo poligâmica informal" (GOMES, 1985, p. 87).

Esses significados têm permeado as representações sociais da comunidade escolar. A *família pensada* é tida como a ideal, em contraposição à *família vivida*, que foge às regras definidas pelo modelo da *família ideal*. A escola, embora, muitas vezes, conheça essas variações, não as compreende no sentido de considerá-las enquanto tais. Se o fizesse, mudaria a postura na forma de lidar com as crianças. Explicando melhor, a escola compreende essas famílias sob a óptica da *família pensada*, consequentemente, trata também as crianças enquanto crianças pensadas, *abstratas*. E é desse conceito abstrato que surge, em certos momentos, a insatisfação do professor diante das características de seus alunos e, em outros momentos, certo conformismo em relação às supostas "não aprendizagens" reveladas por eles. Algumas vezes, o professor faz queixas sobre os alunos, em outras, conforma-se à situação e os abandona à própria sorte.

Na escola e nas relações com as outras crianças, o sujeito humano se constrói, tendo a linguagem como principal elemento mediador, em uma relação constante entre intelecto e afeto. Essa construção refere-se a sujeitos particularmente únicos, "com trajetórias pessoais singulares e experiências particulares, em sua relação com o mundo e fundamentalmente com as outras pessoas" (OLIVEIRA, 1992, p. 80). Assim, a palavra da professora para e sobre a criança bem como as diversas formas de linguagem estabelecidas no convívio com os colegas são também aspectos relevantes na construção socioafetiva dos sujeitos, constituindo, necessariamente, um ponto a ser refletido e discutido na prática pedagógica.

Algumas pesquisas em Educação Matemática vêm ressaltando a capacidade mobilizadora das atitudes afetivas inerentes à resolução de problemas. Como comprovam os levantamentos feitos por McLeod (1989) e Sztajn (1997), não há dúvidas sobre as preocupações ligadas às intensas manifestações afetivas reveladas por tal atividade. Quando um aluno se coloca diante de um problema desafiador, processos cognitivos são evocados, a fim de que ele possa traçar um plano de ação a ser executado. A incapacidade de traçar esse plano, ou a sua interrupção, por um motivo ou outro, coloca em evidência sentimentos de "autoconfiança, ansiedade, persistência" e outros que influenciarão o resultado da atividade.

É evidente que os estados afetivos em que se encontram as crianças, ao resolverem qualquer atividade escolar, interferem nessa atividade. Alguns estudos tomam a emoção apenas enquanto "estados afetivos", como sentimentos de "satisfação, ou frustração, em suas direções, positiva ou negativa", respectivamente (MCLEOD, 1989, p. 28-30). Entretanto, importância maior deve ser dada ao conteúdo dessas emoções historicizadas e contextualizadas. Uma criança pode, por exemplo, estar ansiosa em algum momento porque deseja realizar uma atividade desafiadora e sabe que já domina os conhecimentos necessários a essa resolução. Nesse caso, tal "ansiedade" poderia servir como impulso para seu crescimento intelectual sendo, portanto, positiva.

Para Vygotsky, as emoções estão sempre incorporadas à estrutura dos processos psíquicos "normais" em uma síntese intelectual e emocional. No pensamento realista, o processo emocional desempenha um papel mais de "acompanhante", mais subordinado que de condutor. Desse ponto de vista,

> Quando fatores culturais e sociais entram em cena, os processos inferiores (emoções) não deixam de existir, mas são suplantados, ou seja, eles continuam presentes e irão reemergir, quando os processos superiores (intelectuais), por uma razão ou outra, estiverem impossibilitados de funcionar. (VYGOTSKY apud VEER; VALSINER, 1996, p. 386).

Uma diferenciação importante realizada por Vigotski (1998, p. 106) diz respeito aos dois níveis de pensamento estruturados de acordo com a menor ou maior sobreposição das emoções. Trata-se dos níveis de pensamento *realista* e *autista*. Segundo ele, em ambos os casos, "dispomos de uma síntese entre os processos intelectual e emocional, mas no caso do pensamento realista, o processo emocional desempenha um papel mais de acompanhante do que de diretor". Quanto ao pensamento "autista", nele o processo emocional "tem o papel de direção", e o processo intelectual "não é condutor, mas acompanhante".

Na realidade, essas formulações confirmam a importância das emoções como elemento propulsor no pensamento e na aprendizagem. Elas têm um lugar especial, tanto nas formas de raciocínio da criança quanto nas do adulto. Um pesquisador, por exemplo, que coloca grande interesse e entusiasmo no processo de pensamento faz com que se sobressaiam sensações emocionais sempre que ele se encontra envolvido em seu processo de pesquisa (VYGOTSKI, 1996).

Embora referências diretas à relação entre os aspectos afetivos sejam pouco mencionadas por Vygotsky, essa relação está sempre presente em sua teoria, às vezes de forma subliminar. Ele ressalta que a dissociação entre intelecto e afeto, enquanto objeto de estudo, é um dos principais equívocos da Psicologia, dissociando "a plenitude da vida, das necessidades e dos interesses pessoais, das inclinações e dos impulsos daquele que pensa" (VYGOTSKY apud OLIVEIRA, 1992, p. 78).

A visão interligada dos processos cognitivos e afetivos é também proposta por Wallon, para quem "a afetividade depende, para evoluir, de conquistas realizadas no plano da inteligência e vice-versa" (DANTAS, 1992, p. 90).

Embora não seja intenção deste trabalho aprofundar as ideias desse teórico, alguns pressupostos de sua teoria são enfatizados na pesquisa educacional da atualidade e podem contribuir para se compreender melhor as relações socioafetivas em sala de aula. Baseando-me em Dantas (1997), destaco quatro pressupostos que considero contribuições essenciais dessa teoria:

1. "A vida afetiva inclui todos os sentimentos, o amor e o ódio, todas as emoções, da raiva ao medo e à alegria, assim como os sentimentos exacerbados a que chamamos de paixões" (DANTAS, 1997, p. 68). É preciso evitar o erro de restringir a socioafetividade a meros sentimentos ou emoções passageiras. Torna-se necessário inseri-los em um contexto mais amplo para compreender que eles também são produzidos no ambiente das relações escolares, e não apenas "trazidos de casa" pelas crianças;

2. "O vínculo afetivo sentimental entre o sujeito que investiga e o objeto investigado sabidamente dinamiza, facilita e fortalece o desencadeamento da reação cognitiva" (DANTAS, 1997, p. 68). Isso envolve não só o necessário significado e o prazer, que devem ser atribuídos aos conteúdos por parte dos alunos, mas também um envolvimento do professor como mediador entre as interações desses sujeitos e os objetos de conhecimento;

3. "Geneticamente, foi a comunicação emocional a primeira a surgir (com o choro, a procura do afeto da mãe, etc.); é ela, portanto, que garante a inserção no plano do convívio humano que é também o plano cultural e cognitivo" (DANTAS, 1997, p. 69). Torna-se, pois, indispensável essa consciência, por parte do professor, de que as situações escolares são primeiramente afetivas e que os sentimentos e as emoções dele e das crianças estão em constante interação;

4. As formas de "avaliação escolar constituem a principal causa do medo, na vida escolar contemporânea, e a falta de significado pessoal dos conteúdos, assim como as restrições ao movimento, provavelmente são as principais fontes" da raiva na escola (DANTAS, 1997, p. 70). Essas são emoções que provavelmente seriam transformadas em segurança e amor caso as relações fossem sempre mediadas pela interação ver-

bal e pelo aperfeiçoamento do professor no domínio dos conteúdos e práticas pedagógicas efetivas, além de profundo conhecimento sobre as formas de aprendizagem de seus alunos.

Bastaria uma simples *tomada de consciência* por parte do professor a respeito desse vai e vem de processos emocionais e intelectuais que compõem o psiquismo e, portanto, emergem cotidianamente nas relações professor-aluno para que ele buscasse transformar, pela via do diálogo, soluções para conflitos e superação de estados de excessiva sobreposição das emoções sobre as ações intelectuais. Não se trata de responsabilizar "carências afetivas", expressões de irritabilidade, agressividade ou agitação dos alunos, utilizando-as como justificativa para o fracasso nas aprendizagens. Ao contrário, essa consciência leva os educadores a promoverem um ambiente mais tranquilo, em um padrão de relacionamento afetuoso e favorável ao processo de construção de saberes.

CAPÍTULO 5

A ESCOLA "SOL"

Inicialmente, a primeira intervenção foi realizada, como forma experimental, de outubro a dezembro de 1997 na escola "Sol", cuja clientela se mostrou bastante diferenciada em relação à da escola na qual se deu a segunda intervenção.

O propósito desse momento foi obter subsídios para um planejamento mais elaborado das atividades de intervenção na escola "Vida". O relato oportunizará algumas extrapolações importantes. A experiência vivida na escola "Sol" servirá como ponto de referência na delimitação das diferenças conceituais que podem determinar também diferentes condutas pedagógicas de acordo com as diferentes realidades escolares.

A escola "Sol" pertence à rede pública municipal, com uma proposta pedagógica estruturada em razão de ser uma escola de aplicação. O nível de cobrança dos pais em relação às crianças e à escola era grande, conforme pude presenciar em uma reunião do Conselho de Classe, da qual participaram pais, alunos (da 2ª série), professores e técnicos.

Das 25 crianças da única turma de 2ª série (fase final do bloco único), a coordenadora pedagógica selecionou oito (30%) que teriam dificuldades em Matemática e em outros conteúdos. Precisariam, portanto, da intervenção. Solicitei que ficassem apenas quatro crianças, devido às limitações de tempo. Foram realizados 10 encontros com as crianças fora da sala de aula, nos quais elas resolviam problemas de Matemática.

Uma das atitudes da escola que me chamou a atenção foi a forma como a coordenadora pedagógica comunicou às crianças a respeito do trabalho. Ela as chamou em espaço diferente da sala de aula e explicou-lhes: "A professora Liege vai fazer um trabalho para a Universidade e precisa de quatro crianças para ajudá-la. Vocês gostariam?". As crianças concordaram sem problemas e sentiram-se envaidecidas por terem sido escolhidas. Essa forma de dialogar com as crianças foi bastante positiva e contribuiu para que vissem o trabalho como o cumprimento de uma tarefa da professora, e não como um "tratamento especial" para elas. Conforme mencionado no capítulo 1, a coordenadora da escola "Vida" entrou na sala e disse às crianças que eu faria um trabalho para ajudar quem precisa melhorar o rendimento em Matemática. Pode parecer apenas um detalhe, mas o cuidado da primeira pedagoga inspirou nas crianças um desejo de participar, sem que se sentissem previamente julgadas ou avaliadas, "importantes" por poderem contribuir comigo. Entretanto, esse cuidado, evitando estigmatizá-las em sua presença, não significa a completa abolição do preconceito com relação às crianças que demonstram níveis de desenvolvimento diferentes daqueles idealizados pela escola. A entrevista seguinte ilustra esse fato e refere-se a Gab (8 anos). Nela, a professora responde à pergunta: *Como está o Gab?*

> O Gab está horrível na escrita, embora ele tenha o raciocínio rápido. Escreve muito errado, não segmenta as palavras. Ele está com problemas de saúde, não está enxergando bem. Eu não havia reparado, mas a mãe levou-o ao médico e parece que há algo de neurológico. A escola conseguiu o apoio da Universidade, mas a mãe disse que sempre liga para a assistente social e não atende. [...] Ela acha que o pai deveria assumir mais o filho, mas eu penso que a responsabilidade é dela. Você já viu como ele vem sujo para a escola? (27/11/97).

Para Ribeiro (2014), em referência à medicalização da educação básica, "produz-se, então, o isolamento e reducionismo de uma questão complexa e implicada por diferentes fatores, transformando-a em uma questão médica, a partir da diferenciação e classificação entre o normal e o patológico". Como se verá mais adiante, o referido aluno apresentará formas inteligentes e coerentes não só na resolução dos problemas que lhe foram propostos, mas também na sua elaboração e criação, expressando o pensamento, graficamente, de forma lógica.

A própria apresentação pela escola "Sol" de um número grande de crianças para serem ajudadas a melhorar em termos de rendimento mostrou o intrínseco alinhamento da escola a práticas excludentes que legitimam diferenças na forma de se relacionar com os conhecimentos curriculares como dificuldades, doenças, problemas ou distúrbios.

As quatro crianças sabiam ler e escrever com fluência, embora algumas ainda não dominassem as formas ortográficas oficiais. Destaco, aqui, um problema elaborado por Gab e resolvido por Amani. Meu objetivo é mostrar em que nível se apresentavam as crianças da escola "Sol" vistas como portadoras de "dificuldades de aprendizagem".

> jose tinha 200 reais para distribuir em 5 crianças contas cada uam recebeu

"José tinha duzentos reais para distribuir em cinco crianças. Quanto cada uma recebeu?" (Gab, 27/11/97).

    Considerado pela professora como "horrível", Gab elaborou um problema envolvendo a divisão, revelando capacidade de se expressar por meio da escrita, embora sem "pleno" domínio das normas ortográficas e gramaticais. Sua resolução não foi aqui transcrita, mas ele a fez mentalmente em pouco tempo, chegando ao resultado R$ 40,00. O que se constatou, nesse caso, foi uma inadequação entre as formas representacionais da criança, em relação à produção escrita de um algoritmo que coincidisse com a mesma notação matemática proposta pela professora.

    Inseri, a seguir, a resolução de Amani para mostrar que, embora tenha utilizado um processo aditivo para resolver um problema de divisão, ela o fez demonstrando noções de quantidades maiores, planejando e executando estratégias de solução, também chegando ao resultado correto. Por meio de estimativas, Amani foi testando as possibilidades de as somas de cinco parcelas completarem o resultado "200" desejado por ela. A compreensão da quantidade 200 e das relações parte-todo foi nitidamente expressa.

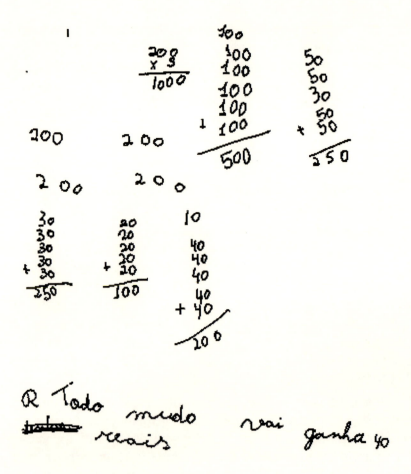

Amani foi capaz de realizar uma "operação de natureza multiplicativa, considerando, ao mesmo tempo, o tamanho do dividendo, o número do divisor, para poder estimar, o valor do quociente" (CORREA et al., 1998, s/p).

Quanto a Gab, durante todo o tempo em que estive na escola, mostrou-se uma criança capaz. Talvez precisasse de um pouco mais de ajuda para organizar seu material e seus textos escritos. A rapidez de seu pensamento, muitas vezes, dificultava-lhe organizá-lo na escrita, mas nada além disso.

Daí decorre minha interpretação de que o alto índice de crianças (oito em 25) encaminhadas para intervenção nessa escola era decorrente do nível de exigência da escola e de seu conceito "ideal" a respeito da criança e da forma como cada uma deveria expressar seu pensamento ou se apropriar do conhecimento. Essa forma excluía as iniciativas individuais de expressão e criação de algoritmos próprios que, se valorizados e coletivizados no grupo das 25 crianças, reverteriam em construtos valiosos na produção dos saberes matemáticos.

A situação seguinte mostrará a percepção das crianças sobre a clássica pergunta dos alunos para saber se o problema será resolvido com "continha" de "mais" ou de "menos".

A — (Diante de um problema proposto) "Tia, quando quer saber quanto gastou, tem que ser continha de mais, não é?"

D — (Outra criança) "É sim."

A — "A tia da aula particular falou: sempre que quer saber quanto gastou, é de mais, e quanto falta, é de menos."

P — "Já que é assim, então resolvam este problema: Aline tinha R$ 5,00. Foi ao supermercado e fez algumas compras, recebendo R$ 1,50 de troco. Quanto gastou?"

— Resolução de A. (Embora tenha colocado o sinal de adição, efetuou corretamente a operação)

```
  5,00
 +1,50
  3,50
```

D — "A fez errado."

A — "Mas não é verdade que quando diz quanto gastou, é de mais?"

D — "É. Mas nesse caso não."

A — "Ah!" (Após refazer a operação)

P — "Então a afirmativa de vocês é verdadeira?"

A e D — "Não."

As concepções erradas são transmitidas às crianças, muitas vezes, pela busca do adulto em facilitar a vida dos alunos, ensinando "marretas", termo usado para designar essas dicas facilitadoras do "quanto gastou é de mais" e "quanto faltou é de menos". A desconstrução dessas práticas é necessária, não só no dia a dia das crianças, como em programas de formação docente.

As quatro crianças pesquisadas demonstraram capacidades operatórias compatíveis com a idade, criando e resolvendo situações de natureza multiplicativa. Apenas Sam, de fato, necessitava de um apoio mais específico em Matemática. Como ele mesmo disse: "Perdi muita aula no início do ano e fiquei um pouco atrasado".

Ainda que com estratégias interessantes de ensino e de avaliação, essa escola tratava as "dificuldades de aprendizagem" como referência às crianças que se desviam dos padrões de "aquisição" de conhecimentos tradicionalmente considerados válidos. Daí resultou uma importante hipótese que conduziria a intervenção na escola "Vida": a de que os professores sabem pouco a respeito de seus alunos, no que se refere aos conhecimentos por eles apropriados. Às vezes, o professor rotula uma criança em função de apresentar alguma dificuldade sem que, de fato, se conheçam essas dificuldades por meio de formas mais efetivas de avaliação. Em certos casos, essas dificuldades sequer existem enquanto tais, mas são apenas manifestações diferenciadas dos padrões convencionais idealizados pela escola.

CAPÍTULO 6

A ESCOLA "VIDA"

Figura 2 – Escola "Vida": à época, um barracão em reformas

Fonte: a autora

A inserção na realidade da escola "Vida" fez-me deparar com condições adversas, muito diferentes das encontradas na escola "Sol", tais como estrutura física ruim e professores trabalhando em dois turnos, alguns em áreas não vinculadas à Educação.

Convivi também com crianças cuja história de vida era o próprio retrato das consequências desumanas da sociedade tal como está organizada. Situação de desemprego ou subemprego, analfabetismo, violência doméstica, exploração sexual e trabalho doméstico infantil são fatores determinantes em cotidianos sofridos. As condições eram desfavoráveis ao ambiente de estudo e foco nas aprendizagens dos conteúdos formais, veiculados na/pela escola. Foi nesse contexto que se deu minha atuação, trabalhando com as crianças, interagindo com a pedagoga, professoras e conhecendo as famílias.

6.1 A realidade escolar

A escola "Vida" funcionava em um "barracão", espaço físico pobre, com salas quentes e acústica muito ruim. Localizava-se em um bairro de periferia da cidade de Vitória, situado perto do centro. O bairro caracterizava-se, antes, por manguezais e lixões que foram sendo ocupados e, posteriormente, urbanizados.

À época, os pais ou responsáveis pelos alunos trabalhavam em subempregos, na usina de lixo da região, como assistentes de pedreiro, vendedores em comércios, ou como "biscates", atividades cuja remuneração era muito baixa. Nos relatos, havia casos de pais ou mães que trabalhavam, mas não recebiam fazia três meses, com dívidas e sem condições para pagá-las. As mulheres, em sua maioria, trabalhavam fora de casa, deixando as crianças muitas vezes sozinhas cuidando da casa e dos irmãos mais novos.

Nas comemorações ou reuniões de integração, organizadas pela escola, com jogos e atividades lúdicas, por exemplo, os pais não se envolviam. Gostavam, mesmo, era dos bazares de roupas usadas, ou outros eventos em que poderiam receber algo material.

A escola, por outro lado, ocupava grande parte do seu tempo buscando alternativas assistenciais, entre as quais se incluíam: a distribuição de vale-transporte para encaminhamento das crianças a tratamentos médicos, palestras sobre higiene e saúde, entre outras tentativas de "educar a comunidade". Não restam dúvidas de que essas atividades tomavam grande parte do tempo dos profissionais, deslocando-os da área pedagógica, em que deveria estar sua principal ocupação.

As condutas assistencialistas, embora necessárias em termos práticos, tendem a desviar a escola de sua função primeira: transmitir/produzir conhecimentos. Uma das alternativas para interferir e superar essa situação seria a busca de relações diferenciadas entre a escola e a comunidade. Esses pais e alunos precisariam encontrar na escola um espaço de discussão sobre sua condição social, como em reuniões ou rodas de conversas, em que os problemas do dia a dia pudessem ser compreendidos por meio da interlocução com proposições de soluções. Seriam momentos em que as famílias e os alunos realçariam seus verdadeiros pensares, interesses e saberes.

Presenciei um momento de Conselho de Classe na escola "Sol" com participação de todos os segmentos envolvidos na tomada de decisões, com foco no interesse de todos. Essa capacidade de ouvir e respeitar os saberes e aspirações da comunidade escolar reflete em mudanças efetivas na construção da autonomia social de seus membros, corroborando as aspirações libertárias de Paulo Freire.

Embora possa parecer um discurso ultrapassado para os dias atuais, a interação com a comunidade escolar reflete também nas estratégias usadas pelos alunos de diferentes condições histórico-culturais na construção de seus conhecimentos. E, ainda, as crianças que vivem em condições de vida tão adversas compreendem pouco essa realidade e o porquê das desigualdades. Paulo Freire (1996, p. 35) questiona:

> Por que não discutir com os alunos a realidade concreta a que se deve associar a disciplina cujo conteúdo se ensina, a realidade agressiva em que a violência é a constante e a convivência das pessoas é muito maior com a morte do que com a vida?

As crianças da escola "Vida" tinham contato frequente com corpos assassinados pelo tráfico e crime organizado nos espaços das ruas e becos em que moravam ou transitavam.

Muitas vezes, o que acontece no interior das escolas segue na contramão dos discursos oficiais que propõem superar as práticas autoritárias de transmissão de conteúdos alheios aos sujeitos aprendizes. Esse é um tema que nunca deveria ser excluído dos programas de formação continuada em serviço.

A escola compunha-se de 12 turmas distribuídas de 1ª a 8ª série, com uma média de 350 alunos ao todo. As três turmas de 2ª série (fase final do bloco único) eram pequenas, com menos de 25 alunos, ressaltando-se a alta rotatividade das crianças, tornando difícil precisar o número exato de alunos durante o ano.

A escola "Vida" praticava uma forma carinhosa de tratar as crianças. Durante meu período de permanência naquele espaço, surpreendeu-me a rapidez com a qual a diretora viabilizou, para o mês de agosto, o funcionamento de uma biblioteca com a "cara" das crianças. Os livros ficavam ao alcance delas, pois podiam levá-los para casa quando quisessem. Era uma gestora que se envolvia nas questões pedagógicas, marcando presença no cotidiano escolar.

Faltou ver nos espaços externos e internos daquele "barracão" desenhos, pinturas, maquetes e outras construções criativas dos alunos. Ouvi e vi pequenas crianças dançando o "tchan" e cantando músicas do Pe. Marcelo Rossi (exibições frequentes pela mídia da época) incentivadas pela escola. Não creio que se devesse reprimir essas expressões, mas, sim, superá-las, incentivando-se outras manifestações culturais, abrindo espaço para elementos artísticos, como mediadores na construção de conceitos e parte da formação curricular.

A preocupação com as crianças com "dificuldades de aprendizagem" ficou evidente na fala da diretora e das pedagogas.

> *As dificuldades de aprendizagem são alvo de muitas preocupações nesta escola. Os alunos que apresentam dificuldades sem serem "deficientes" ficam sem acompanhamento especial, à medida em que não são "especiais" e nem apresentam desenvolvimento "normal." É o que mais temos por aqui.* (pedagogas da escola "Vida", 17/06/98).

As duas escolas mencionadas sustentavam a tese de altos índices de crianças com dificuldades (30%). Que sentido poderia ter essa necessidade de atribuir às crianças incompetência e incapacidade de aprender? Segundo Patto (1996), a atribuição dá-se calcada em preconceitos e estereótipos sociais produzidos também fora da escola, justificando e legitimando a opressão e a exclusão já vivenciadas na sociedade. O regimento interno da escola "Vida" respalda essa legitimação na forma de lidar com o tema e dar destaque a ele. A primeira referência ao termo "dificuldade" encontrava-se na parte III, dedicada às "Advertências e punições". Lê-se: "02 — Após o trabalho que o professor julgar necessário, encaminhará o aluno, em caso de indisciplina, ao coordenador e se for dificuldade de aprendizagem e outras deficiências, ao pedagogo" (VITÓRIA, 1997; 1998, p. 3).

A inclusão das "dificuldades" e "deficiências" na parte da disciplina é, posteriormente, suplantada pela parte IV, que trata especificamente das "Ações de Reforço, Recuperação e Auxílio do Professor no Caso de

Dificuldades de Aprendizagem e outras Deficiências" (VITÓRIA, 1997, p. 6). Nessa parte, atribui-se ao professor "diagnosticar e trabalhar, diariamente" com essas crianças e, ao pedagogo, fazer acompanhamento fora da sala de aula.

O que se pode constatar, porém, é que essa confusão entre "indisciplina" e "dificuldades" e "deficiência", "advertências" e "punições" é o retrato daquilo que se vê na prática. A pedagoga e as professoras, embora em suas perspectivas integradoras dessas crianças, foram pouco capazes de lidar com esses casos "especiais", que não eram poucos. Seria necessário intensificar as práticas de elaboração de critérios não empiricistas mais fundamentados teoricamente, que contribuíssem para marcar as singularidades dos sujeitos aos quais devia ser dada alguma atenção específica (LAJONQUIÈRE, 1994).

As iniciativas da Secretaria Municipal de Educação (Seme) de "ajuda" a essa "categoria" de alunos eram: a sala de recursos com um profissional capacitado para atender alunos especiais, bem como a aprovação automática e o projeto de aceleração. Esse último foi implantado em julho de 1998, tendo em vista oferecer um ensino especial a crianças com mais de dois anos de reprovação e que estivessem na fase final do bloco único. Depois de seis meses de ensino direcionado, aqueles alunos que concluíam a classe de aceleração já deveriam estar aptos a ingressar na 5ª série (atualmente 6º ano).

Tais medidas de "cerco" aos "desviados" dos padrões preestabelecidos eram pouco contornadas por projetos de formação docente. Oficialmente, havia uma hora semanal de grupo de estudos (das 11 às 12 horas). A diretora relatou que, certa vez, foi advertida pela Seme ao ter promovido um curso de capacitação em dias letivos.

A superação desse estado de coisas poderia dar-se por meio da desmistificação do conceito "aluno-problema". O tema deveria ser abordado em espaços e tempos dedicados a esse estudo, por parte da escola. Se os professores conhecessem mais sobre os processos que envolvem a construção de conhecimento, substituiriam as práticas de repetição e transmissão de conteúdos, por práticas promotoras do interagir, do pensar, do construir e aprender, como alternativas capazes de transformar a situação dos alunos. Não há avanços sem a necessária formação em serviço.

6.2 As Crianças e suas Histórias

O relato resumido de elementos das histórias de vida das 12 crianças dispensa muitos comentários em razão de serem autoexplicativos do mundo real, vivido por elas e da forma como se comportavam enquanto alunos da escola "Vida".

Suas histórias explicarão também o porquê de precisarem tanto de uma escola que possibilitasse a elas não só compreender melhor esse mundo real, mas vivenciar situações de alegria, autodescoberta e livre expressão.

Eva (8 anos e 8 meses)
Era a mais velha de três irmãos.

Sempre exerceu certa liderança sobre as colegas, talvez por dominar um pouco mais os conteúdos. Recusou-se muito no início do trabalho a formar grupos com meninos, ficando sempre muito nervosa quando a composição do grupo era imposta e ela tinha que trabalhar com meninos. Segundo o depoimento da mãe,

> [...] quando Eva tinha 4 meses, o pai a jogava dentro da caixa d'água e tirava. Fazia isso várias vezes. Ele era violento. Um dia, saí de casa com meus filhos. Ele foi atrás e começou a me bater. Aí a minha irmã chegou, pegou uma faca e o matou. [...] Não tive culpa, não fui eu. Hoje não quero saber de outro homem para morar. (09/12/98).

Ao final da intervenção, além de conseguir trabalhar com os meninos, Eva começou a ler e resolver problemas quase sem ajuda.

Dido (8 anos e 10 meses)
O mais novo de seis irmãos. Os pais tinham quase 60 anos. Dido sempre gostava de brincar na "casa de jogos", escolhendo um carrinho e fazendo barulho com a boca para imitar o som do carro enquanto o movia. Revelava pouca familiaridade com letras e números, mas não deixava de fazer as atividades. Era apaixonado por livros de história. Durante uma fase do trabalho, começou a fazer algumas associações entre letras e som, estabelecendo comparações entre o seu nome e o dos colegas. Na visão de sua mãe, ele era

> *[...] terrível! Não tem brinquedo. Só um carro velho, mas ele faz barulho e eu não deixo ele brincar. Se ele for longe com a bicicleta, vou cortar os dois pneus. Para dizer a verdade, lá em casa, ninguém gosta desse menino. Só mesmo eu e o pai. [...] O pai bate muito nele, eu também. Antes eu torcia a orelha, mas lá na igreja, falaram que não pode. Agora eu bato com vara de marmelo. Outro dia ele fez um desenho, mas a irmã dele não acreditou que era ele, de tão bom que estava.*

Enquanto conversávamos, o filho chegou e a mãe prosseguiu: "*Eu falo para ele, que ele vai queimar no inferno, se continuar assim. Que ele não pode subir na laje, senão, nem dinheiro para pagar o enterro vamos ter*" (09/12/98).

Dido parecia fazer as atividades enquanto mero cumprimento de tarefas.

Durante a intervenção, comecei a acompanhá-lo mais de perto, valorizando suas descobertas, objetivando promover sua satisfação em conseguir compreender algumas atividades. Houve uma fase de expressivo crescimento na linguagem oral. No entanto, ao final, Dido havia se fechado novamente. Como dizia sua professora, "*ele parecia estar longe*". A sobreposição dos processos emocionais aos intelectuais, construídos naquele ambiente de hostilidade e violência, impedia-o de avançar na aprendizagem escolar e na vida. Precisava de um acompanhamento psicopedagógico no sentido de permitir que expressasse, principalmente no desenho, sua atividade favorita, as inquietações internas e sentimentos.

Lídia (8 anos e 4 meses)

Lídia era uma das crianças cuja evolução, a partir da intervenção, surpreendeu a todos, na escola. Tinha sempre muita dificuldade em conversar e não se relacionava. Na entrevista, a mãe foi pontual:

> *Sabe o livro que você deu para ela? Acho que já decorou, de tantas vezes que leu. Agora, quase todos os dias, ela fica fazendo teatrinho e quer que eu assista. Quando começou o trabalho, o pai dela viu aqueles adesivos*[6] *que você dava e disse que era bobagem. Aquilo não ia ensinar nada. Agora*

---

[6] Ao final de cada encontro, cada criança recebia um adesivo. Após completarem 10, ganhavam um prêmio. Os adesivos foram introduzidos para incentivar as crianças a faltarem menos e a se envolverem mais nos encontros.

> *ele teve de reconhecer que ela aprendeu mesmo! Tanto você quanto a Kátia dizem que ela é quieta. Eu também estudo e sou assim na escola. Quando é para fazer trabalho em grupo eu faço sozinha e deixo todo mundo assinar. [...] Agora, ela só diz que tirou notas boas nas provas da escola. Ela ficava feliz quando eu comparava minhas notas de Física com as delas. Eu sempre tirava cinco e ela mais que eu. Agora, eu cheguei e contei a ela que já passei. Ficou muito feliz. (09/12/98).*

Percebi nessa fala o quanto era importante para essa mãe ver a filha feliz. Certamente, as condições da família favoreceram os avanços alcançados por Lídia.

Quando eu disse à Lídia que estávamos terminando nossos encontros, perguntei se tinha algo a me dizer. Ela, séria como sempre, mas muito segura, disse: *"Tenho"*. Apertou os lábios, desviou o olhar, mexeu-se na cadeira: *"Eu gosto muito de você"*.

Lídia avançou tanto na resolução dos problemas quanto na leitura.

Ana (8 anos)

Ana espelhou-se muito em Eva no início do trabalho. Quando dividi o grupo em dois, separei-as. Ela passou a exercer certa liderança no grupo em que ficou por realizar com mais autonomia as atividades propostas. A opinião da professora de Ana sobre seu comportamento e aprendizagem no início era: *"ela não quer nada... passa o dia inteiro com o caderno, você olha, ajuda, quando sai, ela continua do mesmo jeito, e está tendo muito problema de disciplina"* (27/08/98).

Em outubro daquele ano, a professora já dizia: *"Ana está melhorando muito também, apesar de ela ter muita dificuldade na leitura. Muito mesmo. Não sabe ainda quase nada, mas ela copia do quadro. A Matemática ela tenta fazer"* (15/10/98).

Na entrevista, sua mãe disse que ela era muito brava: *"Acho que é porque quando eu estava grávida, o gerente de onde eu trabalhava me fazia muita raiva, aí ela ficou assim, brava, só ela lá em casa. Não sei como ela saiu sorrindo nessa foto. Ela nunca sorri"* (09/12/98).

Foi, sem dúvida, um caminho de crescimento. Ao final, Ana despontava para resolver com autonomia os problemas de quantidades maiores que 10.

Almir (10 anos e 3 meses)

Era o mais novo de sete irmãos. Entrou na escola no ano anterior, aos 10 anos, porque não tinha certidão de nascimento, um acontecimento comum na escola "Vida". Só quando a irmã conseguiu sua certidão é que pôde matriculá-lo. Afinal, era ela quem cuidava dele, embora a mãe ainda fosse viva. O pai foi morto por uma bala perdida: *"Ele estava em um bar, chegou um homem e começou a atirar, assim contam"* (entrevista com a irmã em 26/11/98).

Almir demonstrava ter um ambiente rico em experiências com livros em casa: *"O irmão faz ele cortar letras de jornais e formar frases. Acho que até puxa demais para o meu gosto"* (26/11/98).

A professora de Almir considerava-o com dificuldades no comportamento. Só conseguia que ele fizesse as atividades se dissesse que iria deixá-lo sem Educação Física.

Sempre se destacou nos cálculos mentais e na resolução de todos os problemas.

Quando ganhou um livro depois de ter completado 10 adesivos, Almir disse à sua irmã que não gostou, pois tinha muitos livros em casa, ao contrário de Lídia, para quem o livro foi repleto de significado. Trata-se de formas diversas de atribuir significados aos objetos e experiências culturais.

Auro (8 anos e 2 meses)

Durante os encontros, às vezes resistia em participar, mas foi aos poucos se envolvendo bastante. Era o mais novo de cinco irmãos, três do primeiro casamento e dois do segundo, pois sua mãe separou-se duas vezes. Em outubro, a professora disse que ele estava *"ótimo"* e já fazia *"probleminhas com dificuldades"*.

A pessoa que representava a mãe de Auro na escola era a esposa de seu avô, mas não sua avó. Uma pessoa bastante dedicada à educação dele e de seus irmãos, uma vez que a mãe trabalhava o dia todo. Na entrevista, esclareceu:

> *Eu não sou avó. Moro com o avô deles em um quartinho nos fundos da casa. A avó deles mora perto e gritava muito com eles. Eu não. Acho que bater não resolve. Gosto de conversar. Converso muito. O Auro era brigão, emburrava à toa, mas agora é carinhoso e está sempre me abraçando.*

> [...] Eu não tenho leitura e isso é muito triste. Eles sempre me dizem: "Vó, a senhora não sabe ler, mas se vira, toma ônibus..." (26/11/98).

Auro estava demorando a dominar a leitura, mas seu desempenho nos problemas era cada dia melhor. Sua turma já havia passado por quatro professoras até a metade do ano.

<u>Vera</u> (8 anos e 3 meses)

Dos 23 encontros realizados, Vera faltou a oito, o que prejudicou bastante sua aprendizagem. Aconteceu algo triste com ela durante o tempo em que estive na escola quando estavam mexendo no esgoto em frente à escola em reformas. Havia um grande buraco, ela chegou perto para ver e caiu. Foi salva pelo segurança que a tirou sem se machucar, mas toda suja. Na entrevista com a mãe, ela revelou que Vera era adotiva e a caçula de três irmãos. Moravam apenas com a mãe.

> Eu peguei ela com dois meses. Foi assim: a mãe dela, uma moça que agiu errado, chegou lá em casa, pôs ela em cima da cama e falou: "Fica aí. Se a senhora não quiser, pode dar para outra pessoa que quiser". Ela sofreu muito. Foi muito doente quando pequena. (25/11/98).

Fez o relato acima em uma reunião com a pedagoga, enquanto escutava as "cobranças" por parte da escola. Estava cabisbaixa, às vezes chorava. A escola pediu a ela que assinasse um termo de compromisso para garantir a matrícula da menina no ano seguinte. Disse que tentaria dar mais atenção à filha.

<u>Josi</u> (9 anos)

Josi foi incluída no grupo depois, entrando para substituir uma outra criança da lista. As queixas da professora eram de que ela tinha muitas dificuldades. Já era o segundo ano que estava com Josi. Naquele ano, ela havia aprendido a ler, afirmativa seguida do comentário: *"Não sei como"*. Embora acreditando pouco na capacidade de Josi, a professora demonstrou ter um conhecimento da criança. Relatou-me, por exemplo, a falta de noções elementares por parte de Josi, como não saber a idade de seus pais: *"Se eu lhe perguntava a idade de seu pai, ela dizia quatro anos..."*.

A professora sempre enfatizou muito o fato de as outras crianças discriminarem Josi. Eu não entendia o porquê, uma vez que nessa escola a maioria das crianças era negra ou de pele morena, como Josi. Mas a professora preocupava-se muito com essa discriminação.

Quando já estava no final do ano, a pedagoga relatou-me que a professora dizia sempre: *"Toda vez que Josi chega perto, começo a me coçar"*. Nesse caso, o preconceito era vivenciado pela própria professora, embora ela mesma se incomodasse com o comportamento de discriminação por parte das crianças.

Na entrevista com o pai, o foco da conversa foi o grande número de faltas de Josi. O pai, gaguejando para se expressar, sempre olhando para o lado, desabafou:

> *Eu faço o que posso. Hoje tive que quase bater para ela vir. Tenho que trabalhar para cuidar dos seis filhos e ainda cuidar disso. Quando estou em casa, eu venho à escola porque a mãe tem que cuidar da casa, da roupa e é justo eu ajudar. Às vezes, eu vou dormir e elas ficam vendo televisão até muito tarde. A mãe também. Então fica difícil.* (25/11/98).

Josi chegou ao final com avanços, sobretudo em atividades que envolviam sequências de números com quantidades maiores. Eu pensava na hipótese de que o domínio das relações parte-todo era ainda necessário para que avançasse na resolução dos problemas. Em 09/09/98, ela tentou explicar-me a ideia da subtração com o seguinte exemplo: *"Por exemplo: eu tenho três balas, dei duas para você e duas para Ed. Não, não. Espera aí. Eu tinha três balas, comprei mais quatro e dei duas para você e duas para Ed. Com quantas fiquei?"* (25/11/98).

Mostrou estar construindo a noção de totalização e inclusão de quantidades ao retomar o problema e alterar as quantidades. Se mantivesse as três balas pensadas inicialmente, não conseguiria oferecer duas para mim e duas para o Ed. No entanto, não conseguiu resolver o problema elaborado por ela.

José (8 anos e 3 meses). Era o irmão mais velho. Morava com a mãe e mais dois irmãos: *"Minha mãe nunca pode vir à escola, ela trabalha do meio-dia até a meia-noite. Eu é quem cuido da casa e dos meus irmãos. Meu pai é separado, não mora em casa"* (25/11/98).

O trabalho e as responsabilidades que lhes eram impostos tão cedo provavelmente lhes roubaram momentos importantes da infância, como o tempo de brincar, essencial na evolução do psiquismo para a construção e representação dos símbolos. Ele aproveitava os momentos que tínhamos na sala de recursos para brincar, e eu permitia.

José foi um membro importante para o grupo. Em razão de sua forma de se expressar verbalmente com muita clareza, ele argumentava sempre em favor dos colegas que quebravam as regras, propondo soluções conciliadoras.

A pergunta que não quis calar ao final da intervenção foi: como uma criança com linguagem elaborada, argumentando com clareza e lógica sempre que necessário, não conseguia sequer memorizar números com dois algarismos?

Busquei sempre estimulá-lo a superar suas limitações, identificar e valorizar suas possibilidades. O resultado foi muito bom. Além de ter atingido os objetivos propostos, José fez questão de participar do jogo do bingo, quase no fim da intervenção, como "cantador" das pedras. Ele não conseguia decodificar os números para "cantá-los", mas não desistiu. Foi até o final, utilizando estratégias próprias de identificação como "o 4 e o 2" para dizer 42. A professora dele observou avanços na Matemática.

Ed (11 anos e 3 meses)

Ed morava com a mãe e mais quatro irmãos. Sua mãe era alcoólatra e pouco aparecia na escola. Segundo a pedagoga, ele só começou a frequentar a escola com mais assiduidade depois que ela o chamou, conversou com ele e lhe disse que, se quisesse vencer, deveria batalhar sozinho por isso. Durante o trabalho, foi importante a valorização que fiz das potencialidades de Ed, sempre coletivizando seus desenhos, por exemplo.

Ao final do ano, Ed estava lendo com fluência e, então, era "um devorador de coisas escritas". Sempre muito amável, fazia de tudo para agradar os adultos, abrindo mão de seus próprios desejos se achasse que, assim, faria a professora ou qualquer outra pessoa feliz.

Depois da intervenção, as "dificuldades" que persistiram foram referentes à forma de Ed fazer seus registros escritos. Expressar operações ou números era difícil até quando Ed copiava. Segundo a pedagoga, ele não fez o exame de vista porque a mãe não foi à escola no dia previsto.

Guto (9 anos e 2 meses)

Faltou a nove encontros. Era muito inquieto e não gostava de ficar na sala. Quando queria conseguir algo comigo, sempre me chantageava, propondo trocas de objetos para que se comportasse.

Gostava de ficar comigo e queria ocupar o lugar das outras crianças.

Sua mãe não me procurou. As informações que a escola deu eram de que Guto era desnutrido, e graças à alimentação fornecida pela pastoral da criança ele se desenvolveu um pouco. Seu momento preferido na escola era a hora da merenda. Comia compulsivamente.

Sempre se sentava em meu colo na roda final, quando cada um iria mostrar o trabalho feito. Certo dia, quando pedi que ele mostrasse o seu trabalho, deparei-me com as bordas da folha de atividades comidas por ele.

Gostava de pedir tudo: lápis, borracha, qualquer objeto que lhe interessava. Às vezes, pegava escondido. Nos poucos momentos que tivemos juntos, devido à pouca frequência de Guto, ele demonstrou capacidade de aprender, avançando em seus conceitos por meio da intervenção.

Sílvia (8 anos e 5 meses)

Sílvia fazia parte de uma família de seis irmãos. Tinha pai e mãe, mas nenhum deles compareceu à entrevista. O pai estava desempregado. Ela discutia muito com as outras crianças, delatando colegas, entre outras inquietações.

Até o mês de outubro, sua idade em minha ficha, a qual havia sido fornecida pela escola, era de 11 anos. Eu achava difícil e sempre perguntava sobre isso. Até que um dia a professora de Educação Física me ouviu perguntar e foi verificar, novamente, a data de nascimento de Sílvia. Verificou-se que ela tinha apenas 8 anos.

Das meninas do "seu grupo", Ana e Eva, Sílvia foi a que menos avançou por não acreditar em si, sempre copiando as respostas das colegas. Certo dia, surpreendeu-me quando fui buscá-la na sala, segurou minha mão e disse: *"Vamos, tia, começar logo para fazer nossas atividades, senão não dá tempo! Vamos, tia!* [com ansiedade] *Eu aprendi a fazer conta de mais. A minha mãe tá me ensinando"* (15/11/98).

Mais tarde, a pedagoga relatou-me que a mãe esteve na escola e prometeu colaborar.

Canhota, Sílvia só conseguia escrever ou desenhar se o papel estivesse de "cabeça para baixo". Esse tema será retomado no capítulo seguinte, com a análise de outras crianças.

Por mais tristes que pudessem parecer as histórias, tristeza essa expressa em suas feições e olhares, as crianças brincavam, dançavam e cantavam como toda criança faz. Aproveitar essa alegria espontânea e ampliá-la nas práticas sociais do ambiente escolar é valiosa contribuição da escola.

No dizer de Snyders, "A escola não é oposta à alegria, o que torna ainda mais lamentável que ela não esteja entre seus objetivos primordiais. É a partir da própria escola, dos fragmentos felizes que ela deixa transparecer, que se pode superar a escola atual" (1993, p. 12).

Na prática, a busca por momentos alegres e espontâneos não era muito frequente. As atividades recreativas (teatros, jograis e danças) restringiam-se às datas comemorativas e a semanas dedicadas à dengue ou outras noções de higiene e saúde, como foi relatado anteriormente sobre as práticas assistencialistas. Durante a intervenção, duas das três professoras revelaram sua preocupação em começar a contar histórias para as crianças ao final das aulas, pois era o que as crianças sempre pediam. Provavelmente, tornaria o ambiente mais feliz.

Cabe, aqui, fazer referência às configurações familiares que cercavam a existência daquelas crianças. Em sua maioria, as famílias eram numerosas, expressavam formas diferentes da organização nuclear "estável" pai-mãe-filho e a escola tinha clareza dessas diferenças. Em quase todos os casos, o pai era ausente e as responsabilidades materiais e emocionais ficavam a cargo da mãe. Havia forte presença de alcoolismo e desemprego em suas histórias de vida.

Por outro lado, era preciso transformar a atitude da escola em relação a esse contexto: de um olhar preconceituoso, tomando-as como famílias inferiores, a um olhar compreensivo de sua concretude, enquanto família vivida, e não idealizada. Entender que o que as constituía como famílias, apesar de tudo, eram os laços de afeto, indispensáveis à saúde emocional das crianças. Vendo-as sob esse ângulo, a escola poderia trabalhar melhor no sentido de favorecer a transformação desse cotidiano, promovendo o desenvolvimento mais autônomo e feliz dos alunos.

6.3 As professoras

Como as crianças selecionadas faziam parte das três turmas da fase final do bloco único, as três professoras participaram do projeto, contribuindo em duas entrevistas formais e em conversas informais no decorrer da intervenção. Os códigos V1, V2 e V3 (Vida 1, Vida 2 e Vida 3) em referência às professoras serão utilizados quando necessário. Josi era aluna da professora V1; Ed, Auro, Sílvia, Ana e Eva eram alunos da professora V2; José, Guto, Almir, Lídia, Dido e Vera eram alunos da professora V3.

Relatarei o resultado de duas entrevistas semiestruturadas, uma realizada no mês de agosto e outra no mês de novembro.

Tive a intenção de despertar nas professoras uma reflexão sobre como elas avaliavam as "dificuldades" das crianças, ou melhor, quais os critérios por elas utilizados no diagnóstico de uma criança com "dificuldades". Propus a elas algumas perguntas:

- Questão 1: Que "dificuldades" você observa nas crianças, em relação à Matemática, e que deveriam ser enfocadas no trabalho?

- Questão 2: Quais os conteúdos básicos a serem dominados pelas crianças, os quais você considera indispensáveis a novas aprendizagens matemáticas?

As representações das professoras tendiam a responsabilizar as crianças ou o seu contexto familiar. Por vezes, algumas tentavam fazer uma "leitura pedagógica" daquilo que precisava ser trabalhado com as crianças. Entretanto, essa leitura não atingia reflexões mais profundas, como sobre o fato de estarem lidando com as diferenças dentro da sala de aula, nem o fato de precisarem tirar as crianças do enquadramento em padrões preestabelecidos.

Para V2, as crianças precisavam de *"força de vontade, falta interesse e paciência de parar e fazer o dever... E também não terem um retorno em casa. Então elas sabem que ninguém liga. Só mesmo a professora que está na sala é que liga..."* (27/08/98).

Para V1

> [...] as dificuldades são relativas à construção do conceito de número, relação de correspondência entre quantidades e seus símbolos, representar numerais, fazer inferências e estimativas que sejam adequadas à sua idade. Principalmente encontrar soluções para problemas relacionados ao cotidiano. (27/08/98).

Para V3, as dificuldades foram apontadas como

> [...] falta de limites. Aquela coisa de quantidades, formas geométricas, às vezes trabalho de própria coordenação motora mesmo. Ajudá-los a compreender quantidades com palitos, tampinhas, a representar essas quantidades com números. Desenvolver a ideia de adição e subtração, as continhas, como a gente fala. E a partir daí, introduzindo problemas do próprio cotidiano deles. E os alunos que você está trabalhando são os especiais que não são especiais. Tem os especiais que a gente tem que trabalhar coordenação motora mesmo. (27/08/98).

Minha intenção em perceber a forma como as professoras avaliavam as crianças, antes de lhes atribuírem o diagnóstico "dificuldades de aprendizagem", era decorrente das conclusões a que cheguei com os resultados da pesquisa na escola "Sol". A avaliação era vaga, carregada de expressões como "está horrível na escrita" ou "é bom de cálculos".

Embora as professoras V1 e V3 tenham apresentado maior clareza dos objetivos a serem atingidos na Matemática, constatei que também na escola "Vida" o conhecimento individual sobre as aprendizagens das crianças precisava ser alvo de reflexões.

A diversidade na sala de aula reflete em comportamentos e formas de aprendizagem singulares que, de fato, requerem muito empenho por parte do professor. Mas ainda há muito o que ser transformado. Conforme pude perceber pelos próprios relatos das professoras sobre as práticas de alfabetização, por exemplo, estas ainda se pautavam em processos sintéticos (métodos que partem dos elementos menores da língua) tradicionais, iniciando-se com a repetitiva junção de vogais, que guardam pouco significado nos dias atuais.

Procurei, também, conversar com as professoras, no mês de outubro, sobre as mudanças ocorridas com as crianças, propondo as questões:

- Questão 1: Você verificou alguma mudança, no desenvolvimento das crianças que estão participando da intervenção?
- Questão 2: Fale um pouco sobre cada uma das crianças, separadamente.

A começar por V1, sua resposta foi:

> *Ela percebeu essa semana que você não veio. Sentiu a sua falta. Já é uma coisa boa. Percebeu a relação do tempo. Em relação à Matemática em si, nenhuma. Para dizer sinceramente, não. Talvez, se eu tivesse feito alguma atividade para estar observando mais detalhadamente... Talvez ela teve. Às vezes você precisa dar uma atividade mais direta para estar observando isso. Mas e você, o que acha?* (15/10/98).

Embora eu tivesse observado mudanças em Josi, o que mais chamou a atenção, nesse caso, é que a professora estava insegura para falar de sua aluna. Faltava um acompanhamento direto em relação a seus avanços nos conteúdos. Isso me levou a elaborar um roteiro de acompanhamento, sugerindo a elas que verificassem mais detalhadamente as aquisições aritméticas elementares.

Foi tamanha a aceitação do roteiro, principalmente por V1, que a pedagoga decidiu reproduzi-lo para as outras professoras. Lamentavelmente, ele foi entendido como necessário apenas para crianças com "dificuldades de aprendizagem", e não como um material auxiliar para acompanhar os avanços de todos os alunos. Voltarei a falar dele no capítulo 8.

Seguramente, a professora V3 tinha mais elementos para falar sobre a evolução das crianças:

> *Eu senti um crescimento muito grande, principalmente na Lídia. Até então o José tinha muita dificuldade em compreender a ideia de 100, do agrupamento de 100. Outro dia, percebi que ele entendeu isso bem na hora da prova. Tenho certeza que foi pelo seu trabalho.* (15/10/98).

Seguiu falando de mais duas outras crianças, separadamente.

Para V2, a resposta a essa questão revelou um conhecimento maior das crianças do que em sua entrevista anterior. V2 era a quarta professora a passar pela turma e, em sua primeira entrevista, estava iniciando e conhecendo a turma. Para ela, as crianças melhoraram muito.

> O Auro já está fazendo probleminhas e operações com dificuldades. A Eva já está lendo muitas palavras com dificuldades sem dificuldades. É ela que ajuda a Ana, que está melhorando muito. Mas o que pega mesmo é a leitura. (15/10/98).

A fala "*palavras com dificuldades sem dificuldades*" quis dizer que Eva já estava lendo palavras com sílabas compostas por consoante-consoante-vogal, por exemplo. Isso mostrou o quanto o termo "dificuldades" é utilizado na escola, indiscriminadamente. Estava incorporado ao discurso cotidiano das professoras e demais profissionais. Mostrava, também, como o professor carece de uma linguagem técnica, em relação aos conteúdos, seu principal instrumento de trabalho.

O envolvimento com as professoras foi bastante produtivo, uma vez que elas iniciaram, ainda que timidamente, um processo de reflexão sobre suas práticas. Isso significa que propostas de formação em serviço podem se revelar bastante eficazes, desde que realizadas de forma interativa e constante dentro da escola. Mas uma atitude de respeito aos saberes e à própria atuação dos professores é fundamental em qualquer projeto de aperfeiçoamento docente ou proposta de intervenção.

6.4 A pesquisadora-professora: para além da crítica do trabalho escolar

A experiência vivenciada com esse grupo da escola "Vida" teve características de um trabalho de sala de aula. Inicialmente, o primeiro mês foi dedicado ao conhecimento e entrosamento do/com o grupo. Eram crianças de turmas diferentes, algumas sequer se conheciam. Uma atividade significativa nesse início foi a dos crachás com os nomes, que todos tinham que procurar a cada dia. Aos poucos, foram aprendendo o nome dos colegas. Alguns não conheciam o próprio nome escrito em letra de imprensa.

Acredito ter experimentado todas as angústias próprias do professor em sala de aula. Uma delas diz respeito à ansiedade que temos em cumprir certas atividades em um determinado tempo. Já ouvi muitos professores responsabilizando os programas de ensino ou os diretores e pedagogos quando questionados sobre o porquê de não trabalharem os conteúdos com mais calma. Como pesquisadora, eu também passei por isso. Não precisava cumprir nenhum programa ou atender a solicitações de superiores, entretanto, às vezes, preocupava-me excessivamente com o cumprimento de tarefas.

Compreendo que essa ideia de tempo é algo construído em nós pela forma como estamos organizados social e economicamente. Ela determina nossas vidas, nossas rotinas e escolhas. Não podemos "perder tempo". E assim, espaços de vida, trocas de experiências agradáveis e concretas perdem-se com o preenchimento de horários em rotinas enfadonhas e conteúdos a serem "dados".

Se não buscarmos a compreensão constante de nosso fazer pedagógico, estamos fadados a passar todo o tempo escolar simplesmente cumprindo objetivos e planos, sem nos darmos conta de que as crianças não estão construindo conhecimento. E o que é pior, estamos nós, professores e crianças, sempre desejando que o tempo e a vida na escola passem rápido. Os registros feitos em meu diário de campo comprovam tais afirmações: "Preciso criar maior vínculo afetivo com as crianças, para que se sintam mais à vontade e se soltem mais. Vou me preocupar menos com o tempo e deixar que experimentem mais intensamente cada atividade" (Diário de campo, 26/08/98).

Mas além do tempo, as expectativas do professor com as atividades que elabora para seus alunos são relevantes no contexto das interações produzidas no decurso de cada momento pedagógico. Em alguns contextos, tamanho era o meu nível de ansiedade em promover a aprendizagem que havia um excesso de cobranças em relação ao retorno que as crianças deveriam dar. Um episódio marcante foi o do Livro de Histórias que elaborei com base no desenho da família, contendo problemas de adição e subtração.

> Entreguei o livro às crianças, achando o máximo, pensando que todas se envolveriam com ele na mesma intensidade que eu. Foi frustrante! Senti que os problemas escritos continuavam sem significado e que elas não compreendiam a própria organização espacial do livro. Penso ter expressado minha angústia e as crianças, talvez, tenham ficado sem compreender tamanha frustração. Ao final, duas estagiárias

> *que observavam os trabalhos, naquele dia, expressaram-se:* "— *Por que você não explorou mais cada problema elaborado? Acho que deve ter dado muito trabalho para preparar e você esperava mais receptividade das crianças". E a outra estagiária completa:* "— *Penso que as crianças se envolveram, sim, e que você deve retomar esse livro porque ficou muito bom!*" (Diário de campo, 02/10/98).

Retomar a atividade foi o que fiz no encontro seguinte.

Esses fatos ocorrem corriqueiramente nas relações intraescolares e são o que caracterizam algo especificamente humano nessas relações: a construção social do desenvolvimento afetivo. Para tornar essas experiências aparentemente conflitantes em experiências de enriquecimento do trabalho pedagógico, o professor precisa "mergulhar" nelas e tentar captar a dinamicidade com que acontecem. Não há como camuflar os sentimentos, ocultá-los. Eles existem e as crianças os percebem porque também os sentem. Compreendê-los é fundamental em um trabalho pedagógico que extrapole o mero cumprimento de tarefas.

A melhor forma de atingir esse objetivo é a reflexão sobre a própria prática, que deveria ocorrer no interior das relações escolares, tanto na instância do coletivo, em reuniões específicas para estudos e trocas de experiências, quanto em nível individual, como em um diário do professor.

CAPÍTULO 7

INTERVENÇÃO

Após ter passado os meses de junho e julho na escola conhecendo a realidade das crianças e preparando "nossas atividades", era chegada a hora de nos encontrarmos individualmente uma primeira vez. Farei uma análise do desempenho intelectual das crianças na conquista dos objetos de conhecimento, de suas reações socioafetivas e dos aspectos que poderão ajudar em uma "leitura" dos muitos significados desta intervenção.

No primeiro encontro, as crianças realizaram a atividade 1 das que eu havia planejado para conhecer suas noções de número e das estruturas operatórias aditivas. O problema 1 foi realizado em um clima de introversão e desconfiança, em razão de estarem cada uma na presença de cinco pessoas (eu e as estagiárias) estranhas, embora eu já tivesse me apresentado nas salas anteriormente.

Ao contrário dos resultados obtidos na escola "Sol", os problemas que eu havia preparado antecipadamente e submetido à aprovação da pedagoga da escola "Vida" foram abandonados após o primeiro contato direto com as crianças. Eu havia preparado esses problemas de acordo com o desempenho do grupo de crianças da escola "Sol", mas foram completamente "recusados" pelas crianças da escola "Vida".

Colocava-se aí a primeira diferença entre as duas realidades. O prejuízo cultural dessas últimas crianças era maior no sentido da privação do acesso aos saberes formais veiculados na/pela escola. Optei por elaborar novos problemas envolvendo apenas as operações de adição e subtração, fundamentando-me nas proposições de Vergnaud sobre as diferentes categorias apresentadas pelos problemas relativos ao campo conceitual das estruturas aditivas.

As atividades descritas a seguir serão agrupadas em blocos de acordo com objetivos que lhes eram comuns, além da ordem cronológica em que foram desenvolvidas.

Problema 1 — Atividade de conhecimento da realidade

Objetivo: *solucionar um problema de transformação envolvendo duas medidas (estado-transformação-estado) (12/08/98).*

Problema selecionado: *No jogo de basquete, dos 35 arremessos que dei, acertei 18. Quantos errei? (IMENES, 1994)*

A escolha desse problema pareceu-me adequada, uma vez que operar problemas de subtração, com ou sem agrupamento das unidades, era um dos objetivos do primeiro ano de escolaridade. Como essas crianças já haviam cursado a metade do segundo ano, a expectativa era de que elas já realizassem tais operações. Percebi, entretanto, que demonstraram uma grande diversidade nas formas de raciocinar na tentativa de propor uma possível solução, embora não chegassem a um resultado satisfatório.

Episódio 1 — Almir (10 anos e 3 meses)[7]
Após a leitura do problema, fiz a seguinte pergunta:

P — *Você dá conta de resolver o problema?*

A — *Dou.*

P — *Então pode fazer. Pode usar bolinhas, números ou continhas, como quiser.*

A — *Errou 18.*

P — *Como você descobriu?*

A — *Fiz aqui, ó! (Mostra a cabeça)*

P — *Quantos arremessos você deu?*

A — *35. Você quer que eu faça conta?*

Almir desenhou 35 tracinhos, riscou um, depois mais quatro e encontrou o resultado 13.

---

[7] Em todas as narrações, a letra "P" indica as falas da pesquisadora, ao passo que as outras letras indicam a fala das crianças, com iniciais de acordo com seus nomes fictícios. Em caso de haver duas crianças com a mesma inicial, será escrito o nome delas.

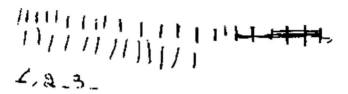

P — Por que você riscou esses quatro?
A — Tá errado. Errei.

Retomo o problema com Almir, que, usando tracinhos para calcular, responde: "17".

P — Agora, você quer fazer a "continha"?

Ele ficou meio confuso e escreveu: 1 2 3.

P — Você gostou da atividade?
A — Achei chato. (17/08/98)

Como se pôde ver, ele resolvia os cálculos em nível mental, mas a representação simbólica escrita não era possível. Não havia ligação entre os *invariantes operatórios I* (significado) e suas *formas de representação Y* (significante).

Episódio 2 — Guto (9 anos e 2 meses)

A inibição das crianças pesquisadas em se expressarem verbalmente era tamanha que me surpreendeu o fato de Guto, ao entrar na sala para resolver o primeiro problema, me cumprimentar e se expressar espontaneamente. Nenhuma delas havia feito isso antes. Ainda, na situação que será analisada a seguir, Guto revelou não só estratégias de pensamento surpreendentes, como também muitas de suas representações sobre o mundo.

G — (Entra na sala de forma expansiva) Oi!

P — Oi. Você sabe o que está escrito nesta folha? (Depois de ele ter sentado, mostrei-lhe o cabeçalho da atividade)

G — Navio. (Apontando para a palavra nome)

P — Por que navio?

G — Porque é o n do navio.

P — Aí está escrito nome. Quer dizer que é para escrever o seu nome.

Após escrever o nome, mostrei-lhe a palavra "data" e disse que era para escrever a data.

P — Não sei.

P — Hoje é dia 12.

G — Como se escreve?

P — O 1 e o 2.

A representação de Guto foi a seguinte:

Nome da criança: _____
Data: _12_ _12_ _189_ _097_ _____

P — Você sabe o que é um jogo de basquete?

G — Sei. Eu jogo lá em casa. Eu e meu irmão, no fogão de lenha, acertando na panela.

P — Desenha para eu ver como é.

Ele desenhava ao mesmo tempo em que explicava como jogava: "Sabe, tia, lá em casa, minha mãe já fez a cesta um monte de vez".

P — Se você acertou 35 e seu irmão 18, quem acertou mais?

G — Eu.

P — Por quê?
G — Porque tem mais 35.
P — Dá para fazer com risquinhos?

As escritas dos parênteses explicam o que Guto queria dizer em suas notações.

G — Dá. (fazendo 28 tracinhos)
P — Então, acho que já pode escrever a resposta. (12/08/98).

Os episódios anteriores expuseram diferentes níveis conceituais e formas também diferenciadas de conceber a realidade e as noções matemáticas. Almir "[...] mostrou-se capaz de compreender o problema, traçar um plano de solução, executar o plano e dar a resposta" (POLYA, 1973 apud VALE, 1997, n.p.), ainda que sem expor uma representação gráfica mais organizada ou formalizada em algoritmos convencionais. Guto expressou formas espontâneas de falar, explicando o problema e relacionando-o à sua realidade (a panela e o fogão a lenha). Identificou o número 35 como quantidade superior a 18, mas não efetuou a operação. Havia um caminho a seguir em direção aos construtos referentes aos invariantes operatórios das estruturas aditivas.

Das 12 crianças, apenas uma resolveu o problema, mas de forma oral, sem representá-lo graficamente. Analisando as resoluções, busquei compreender o porquê de não conseguirem chegar à resposta, o que ajudou no encaminhamento de todas as atividades seguintes, que passaram por completa reformulação.

O projeto inicial previa que essa primeira fase englobasse atividades dirigidas, envolvendo os conteúdos básicos de Matemática nos dois primeiros anos de escolaridade e atividades livres, como produção de textos e desenhos, por meio dos quais as crianças expressariam suas concepções e sentimentos em relação à Matemática.

Pensei que a supressão do texto e do desenho seria conveniente porque as crianças se apresentavam muito retraídas para realizar tais atividades. Além disso, a compreensão do problema envolvia o significado do número, as relações parte-todo, ordenações e outros *invariantes operatórios*, cuja construção foi sem dúvida alguma um dos pilares da intervenção.

A constatação de que as crianças da escola "Vida" sequer liam os enunciados se diferenciou muito das conclusões da outra escola. Na escola "Sol", o perfil das crianças já englobava leitura e produção de textos. A leitura, produção e resolução de problemas envolviam inclusive multiplicação e divisão. Por isso, as atividades planejadas com base na escola "Vida" perderam seu significado. Restava-me, a partir desse momento, buscar novas ferramentas matemáticas. O caminho a seguir foi propor às crianças jogos em grupo que possibilitassem a elas lidar com noções referentes ao conceito de número, essenciais à resolução de problemas como o anterior.

Grupo de Problemas 2 — Jogando e construindo o conceito de número

Objetivo: *construir noções de correspondências um a um e de totalidade (parte-todo[8]), envolvendo quantidades menores que 10 e seus respectivos algarismos.*

Após a escolha do problema "dos arremessos" como ponto de partida, as crianças apresentaram algumas definições de basquete, a saber: "um jogo em que dois homens jogam para acertar a bola" e "você joga a bola assim [mostrando com as mãos] e joga no vôlei". Essas foram algumas das respostas das crianças à pergunta: "você sabe o que é um jogo de basquete?"

---

[8] Os termos "relações parte-todo" e "totalidade" assumirão no texto sentidos muito próximos, significando a capacidade de as crianças compreenderem os dois termos do problema e a quantidade total que os engloba.

Sendo assim, por entender que a palavra "arremessos" era abstrata para as crianças, nos problemas seguintes cuidei para privilegiar expressões que designassem objetos, cujo significado havia sido dominado por elas. Nem sempre isso é possível, mas o cuidado com as questões sintáticas (forma) e semânticas (sentido) é importante na elaboração dos problemas. Muitas vezes, os professores consideram que todos os alunos dominam os termos e expressões propostos nos enunciados, mas isso nem sempre ocorre.

A longo das resoluções, as crianças também apresentaram suas limitações em estabelecer uma relação de inclusão entre as duas quantidades mencionadas (relação parte-todo); e em suas contagens diante dos tracinhos, algumas crianças não fizeram a correspondência dos algarismos às suas quantidades respectivas (como foi o caso de Guto, que desenhou 28 para 35 arremessos).

As diferenças entre a retenção de quantidades menores e maiores que 10 foi outro elemento importante na compreensão do pensamento matemático das crianças. Algumas retinham, outras não.

As dificuldades iniciais com o problema de transformação conduziram-me a não ter inicialmente uma preocupação com sistematizações ou algoritmos, sendo que deveriam predominar nos jogos as mais variadas situações de "vivências matemáticas", por meio das quais as crianças pudessem perceber a inserção da Matemática no cotidiano. Conteúdos e objetos significativos como balas, bolas de gude, idade das crianças e número de membros da família passaram a ser sempre o ponto de partida. Quatro jogos compuseram essa segunda fase da intervenção.

Jogo das bolinhas (19/08/98):

Como mostra a Figura 3, as bolinhas devem ser lançadas dentro da garrafa. Os jogadores combinam entre si um número de tentativas que podem ser feitas. Em cada rodada, o jogador registra em uma tabela o número de bolas acertadas. Após 10 jogadas, os pontos são somados e vence o jogo quem conseguir acertar mais bolas.

Figura 3 – Jogo das bolinhas

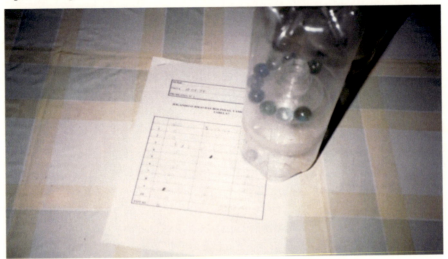

Fonte: resgate de jogos vivenciados em práticas de cultura popular

É um jogo muito atrativo. Mas, para Guto, Josi, Vera e Sílvia, a soma e o registro final dos pontos representaram um obstáculo. Guto, mesmo com o apoio de uma das estagiárias, conseguiu contar seus 15 pontos "espelhando" tanto o 1 quanto o 5 na hora do registro. Josi somou as duas primeiras rodadas "2 + 3 = 5". Depois, não incluiu as outras parcelas na mesma soma e fez: "4 + 1 = 41", chegando a um resultado de 10 pontos quando, na realidade, havia feito 20. Sílvia não quis contar e, quando lhe perguntei quantos pontos havia feito, disse: "22" (um número qualquer). Vera, embora tenha somado corretamente, escreveu apenas o "6" para registrar 16.

Das 12 crianças, quatro não conseguiam efetuar e registrar somas com mais de duas parcelas, embora em sala de aula as operações de adição e subtração fossem atividades rotineiras para as crianças. Conceitos básicos como a inclusão de partes em um todo, correspondências entre quantidades e algarismos que as representam, ordenações, entre outras, pareciam compor um quadro de noções lógicas ainda não construídas.

Era muito importante a elaboração de atividades tendo em vista vincular os conteúdos culturais das crianças (tal qual o exemplo de Guto sobre o jogo de basquete no fogão a lenha) às noções e relações basilares na construção do número antes de trabalhar as notações matemáticas propriamente ditas. Nesse caso, há que se ressaltar a pesquisa de Ocsana Danyluk, para quem a ideia de número envolve a formação de outras noções, como quantidade, relações de ordem, retenção do todo, símbolo, contagem e correspondência, e a compreensão de comparação (DANYLUK, 1998).

Jogo dos triângulos (26/08/92):

As crianças deveriam dividir um quadrado em dois, quatro, seis, oito e até 16 triângulos, recortando-os e, depois, remontando o quadrado com base nos triângulos.

Figura 4 – Jogo dos triângulos

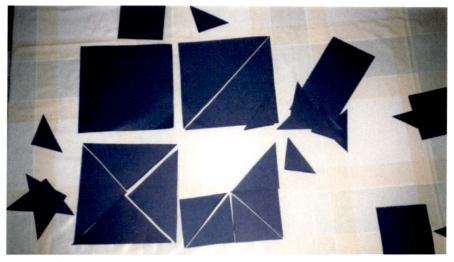

Fonte: elaborado pela autora, com base no resgate de práticas cotidianas escolares

Contrariando minhas expectativas de que esse seria um jogo envolvente para as crianças, muitas delas ficaram receosas em fazer tentativas de montagem. José, ao se recusar, disse: "*É que meus triângulos são muito pequenos. Quem pegou os maiores, é fácil*" (26/08/98).

Por outro lado, Josi conseguiu montar o quadrado de oito peças, expressando alegria. Ana, que sempre copiava as atividades de Eva, mostrou-se bastante autônoma, pedindo para montar o quadrado na roda que sempre fazíamos ao final.

Tais acontecimentos comprovaram que as experiências individuais das crianças são geradoras dos sentidos por elas atribuídos ao jogo e estão diretamente relacionadas com suas características afetivas (OLIVEIRA, 1992). Esses sentidos singulares deveriam ser, portanto, parte essencial das reflexões diárias do professor em sua prática pedagógica.

Lojinha (28/08 e 02/09/98):

Em um primeiro momento, as crianças organizaram a "loja" e estabeleceram preços para os produtos, além de brincarem bastante, simulando situações de compra e venda. Depois disso, ofereci a elas tabelas para que colassem os nomes dos produtos comprados por cada uma e seus respectivos preços. Ao final, deveriam somar os preços para encontrar o total de gastos na loja.

Figura 5 – Lojinha

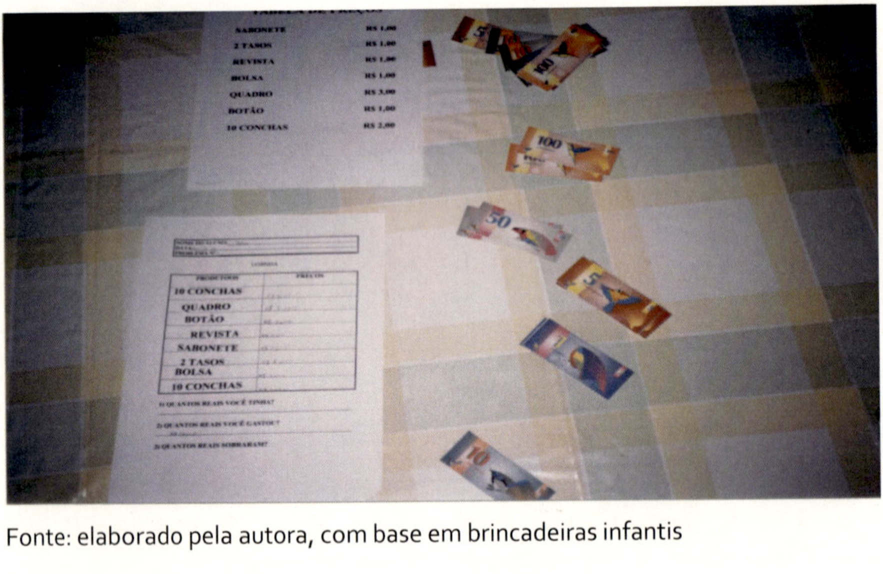

Fonte: elaborado pela autora, com base em brincadeiras infantis

A essa altura já havia um mês que estávamos trabalhando juntos, e a "vendinha" foi para o grupo, no qual me incluo, muito mais do que um espaço para vivenciar situações matemáticas. Acredito que essa tenha sido uma oportunidade para entrosamento entre as crianças, possibilitando que estabelecessem regras de trabalho conjunto e discutissem sobre a melhor compra a ser feita. Enfim, na opinião de todos, esse teria sido o melhor momento vivido até então. O conhecimento mútuo e o aprofundamento de vínculos afetivos tornavam-se cada vez mais presentes na realização das atividades.

Auro e Almir, os meninos escolhidos para serem os "caixas", demonstraram em suas atuações maiores habilidades com cálculos mentais. Isso foi reconhecido por todo o grupo que os elegeu.

Duas outras situações importantes ocorreram naquele dia, evidenciando a ausência da totalização como um dos empecilhos na resolução dos problemas de transformação. No diário de campo de 28/08 encontram-se duas situações para ilustrar essa fala.

> —Vera tem R$ 6,00 e quer comprar botões. 10 botões custam R$ 1,00. Ela diz que não pode comprar os 10 botões. Pega 5 botões e paga R$ 6,00.
>
> — Guto troca uma nota de R$ 10,00 por uma de R$ 1,00 com Dido. E José diz: "Que burro!" (28/08/98).

A capacidade de entender R$ 1,00 como menor que R$ 6,00 (para Vera) e do que R$ 10,00 (para Dido) refere-se à cardinalidade dos números, isto é, saber que o algarismo "10" representa 10 elementos. Para Danyluk, antes de as crianças terem a capacidade de registrar mentalmente as quantidades, elas necessitam realizar contagens e correspondências entre os objetos. Além disso, essa retenção do todo faz-se inicialmente com quantidades menores que sete, para só depois expandir-se (DANYLUK, 1998, p. 198). A partir desse momento, tornou-se evidente que contar e corresponder um a um deveria fazer parte das atividades seguintes.

Jogo dos dados (04/09/98):

O jogo consiste em colocar em uma tabela quadriculada vazia fichas com letras iniciais do próprio nome, cuja quantidade corresponda à soma de dois dados. Ao completar a tabela, cada jogador conta quantas fichas há com a "sua letra". Assim, na primeira etapa do jogo, o jogador tem que somar as duas quantidades dos dados. Na segunda etapa, deve contar quantas fichas conseguiu colocar na tabela. Na última etapa, deve efetuar a soma dos pontos obtidos em todas as jogadas. Essa etapa geralmente envolve adições com reagrupamento de unidades, e as parcelas podem conter duas ordens. Exemplo: 7 + 8 + 12 + 3...

O grupo de Ana, Eva e Sílvia colocou-se diante de uma forma de registrar pontos que mereceu reflexão. Encerrada a primeira rodada, as crianças contaram seus pontos. Eva ajudou Sílvia a contar, a qual perguntou onde era para escrever. Ana mostrou-lhe como se escrevia o 12: R$ 12,00. Eva escreveu R$ 15,00 e todas fizeram dessa forma o registro dos pontos (04/09/98).

Figura 6 – Jogo dos dados

Fonte: Kamii (1985)

Entendo que a representação em reais para a quantidade de pontos decorreu dos registros em R$ feitos na lojinha, atividade do encontro anterior. Os alunos, ao incorporarem o conhecimento da notação monetária, transferiram-no para a situação seguinte, cuja representação cardinal era solicitada.

A experiência com os símbolos usados nas diferentes representações da Matemática do dia a dia deveria fazer parte das atividades na sala de aula, por meio do calendário, do bingo e da criação de diferentes símbolos para representar situações matemáticas cotidianas.

Nessa fase, todo o grupo já estava bastante integrado. Ao terminar o jogo e as discussões finais, antes de ir para a sala, Almir beijou-me ao se despedir. As outras crianças, um pouco receosas, fizeram o mesmo. Depois daquele dia, o beijo passou a ser parte de todas as despedidas. A interação com as crianças fora tomada como um ponto de partida necessário em minha função de mediadora na condução das atividades para a construção de conhecimentos.

Loto aritmético (11/09/98):

Esse é um jogo de dominó industrializado que contém tabelas de madeira nas quais existem operações de soma e subtração. Em fichas de madeira soltas, há vários algarismos que correspondem aos resultados das operações. Os jogadores têm que completar as tabelas com os resultados correspondentes. Após montar suas tabelas, o grupo escolhe uma das operações e inventa uma "história" em que apareçam aquelas operações.

Eva, em seu grupo, expressou-se de forma agressiva, como mostra o diálogo que segue.

> E — *Eu não quero fazer grupo com menino.*
>
> P — *Hoje não vale escolher as pessoas do grupo.*
>
> E — *Que chato!*
>
> P — *Já pode montar as tabelas.*
>
> E — *Quero uma só para mim. 7-6, dá 1. Ah, tia! Não dá não! Menino não sabe nada. Eu quero fazer sozinha.*

Mesmo em meio a tantas queixas, Eva elaborou a história: "Tenho sete balas. *Dei seis para o João, fiquei com uma*" (09/09/98).

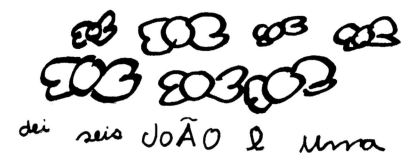

Assim como para Eva, o Loto aritmético não suscitou o envolvimento do grupo.

A constatação de que as formas de registrar as noções matemáticas se distanciavam muito das convencionais, demonstrando pouca vinculação entre os *invariantes operatórios* e a sua representação, conforme o que ocorrera no registro de pontos em *reais* relatado anteriormente, encaminhou-me a um terceiro conjunto de atividades. Em essência, compunham-se de desenhos e vivências de atividades com o corpo, formas diversas de representar a realidade, expressões que não necessariamente fizessem parte da simbologia matemática, mas que possibilitassem representar o mundo real em um movimento de situações concretas e reais, direcionando-se às representações e abstrações.

Grupo de Problemas 3 — Desenho, socioafetividade e construção do símbolo

Objetivo: *solucionar problemas de comparação entre duas quantidades e perceber a relação entre elas.*

<u>Desenho da família</u> **(16/09 e 02/10/98):**

A proposta foi a de desenhar todas as pessoas que "moram em nossa casa", começando do mais novo até chegar ao mais velho. Na roda final, foram sugeridos vários problemas de comparações (relações estáticas) para que as crianças pudessem resolver oralmente. Caso precisassem de apoio de símbolos, poderiam desenhar com giz no chão.

Com base no desenho anterior, um dos problemas propostos foi: *Se na família de Vera tem 3 pessoas e na de Sílvia tem 8, quantas pessoas faltam na família de Vera para ter o mesmo tanto que na de Sílvia?*

Evidenciou-se que a maioria das crianças preferiu resolver esse tipo de problema por meio da adição. Em vez de efetuarem 8 – 3 = 5, as crianças faziam 3 + 5 = 8 e respondiam corretamente "faltam 5", como mostra a resolução de Ed.

$$\frac{3+5}{8}$$

Problemas desse tipo foram resolvidos na roda que sempre formávamos, na qual as crianças escreviam no chão com giz. Pareciam muito envolvidas e atentas. Foi um dos momentos importantes na compreensão de situações matemáticas reais e sua representação. À medida que era proposto o problema oralmente, o qual sempre se relacionava a uma situação familiar do grupo, as crianças se envolviam e buscavam soluções coletivas. Opinavam sobre as possíveis soluções e as escreviam no chão diante de todos. Para aquelas cujo nível de representação ainda não havia atingido as notações formais, era uma oportunidade de entrar em contato com as últimas, em um contexto de troca de opiniões.

Já para o encontro seguinte, aproveitei os desenhos da família de cada aluno para elaborar um livro de histórias contendo eventos nos quais se destacavam situações matemáticas em que os personagens envolvidos eram os membros da família de cada uma das crianças. Cada aluno recebia um livro com os problemas para tentar resolver.

As atividades do livro confirmaram a insistência das crianças em utilizar a adição, mesmo em problemas em que elas poderiam usar a subtração. Isso ocorre de certa maneira devido ao cotidiano, pois as situações em que aparece a subtração são menores do que as que envolvem adição. Consequentemente, até mesmo os jogos envolvendo a subtração são mais escassos. Nos livros didáticos, isso também se percebe.

Constance Kamii (1985; 1995), já na década de 1980, alertava para o fato de as adições serem mais fáceis para as crianças de séries iniciais. Até mesmo em seus livros, direcionados aos professores de séries iniciais, há uma redução nas propostas de jogos envolvendo subtração.

Nosso corpo/Nosso espaço (18/09/98):

Sentadas na roda inicial, as crianças pensavam sobre as situações matemáticas surgidas no dia a dia.

P — *Quem faltou hoje?*

C — *Ed, Josi, Vera e José.*

P — *Então, quantos somos?*

C — *Oito. (Depois de contarem)*

Propus que representassem a operação com giz no chão.

Eva escreveu "*12 – 4*".

P — *Falta alguma coisa?*

Lídia completou com o "=": "*12 – 4 =*".

Eva escreveu "8" completando o algoritmo: "*12 – 4 = 8*" (16/09/98).

Em seguida, as crianças dividiam-se em grupos de duas ou quatro, conforme as orientações de círculos e retângulos desenhados no chão. Ao ver os símbolos, que também eram mostrados nos cartões (círculos ou retângulos), elas dividiam-se, pulando sobre as formas desenhadas no chão. Depois, desenharam essa brincadeira.

A separação entre meninos e meninas, explícita nos desenhos, era uma característica forte no grupo, sobretudo partindo das meninas, lideradas por Eva. Isso, muitas vezes, constituiu-se em obstáculo na formação de grupos, que acabavam por repetir experiências semelhantes, em vez de mais trocas e heterogeneidade.

A integração de meninos e meninas passou a ser alvo de atenção, e sempre que surgiam oportunidades, eu buscava ouvir a "voz" das crianças, possibilitando-lhes uma reflexão crítica sobre isso. Foi uma conquista tê-los, ao final, trabalhando de forma integrada.

Com relação à linguagem oral, como falavam pouco aquelas crianças! No decorrer da intervenção, tamanha era a contenção das crianças em se expressarem verbalmente que, em alguns momentos, eu parava para refletir sobre a minha incapacidade de estabelecer um processo interlocutivo com elas. Entretanto, embora parecesse não existirem avanços com relação à linguagem, as condições oferecidas possibilitavam, sim, o diálogo, a interlocução. Tanto assim que Ed me surpreendeu certo dia com sua fala.

> *Oi, tia. Você viajou? Senti saudades de você. Teve festa aqui na escola. Festa da família. Teve jogo de vôlei dos pais e dos garotos [...] Essas duas meninas são muito chatas. Desde a 1ª série, ninguém gosta delas na sala [referindo-se a Ana e Sílvia] porque implicam com todo mundo.* (Ed, 18/09/98).

Momentos gratificantes como esse permearam toda a intervenção.

Jogos corporais e cópias de desenhos[9] (21/10/98):

Em um primeiro momento do encontro, as crianças deveriam olhar cartões mostrados por mim contendo símbolos. Cada símbolo correspondia a um movimento corporal a ser realizado por elas. Dido, por exemplo, realizou com presteza essa atividade, destacando-se sua memória visual e capacidade de atenção. Recorda-se que ele era quem não lia e tampouco resolvia os problemas propostos, utilizando os algoritmos convencionais.

O jogo atuou como elo entre imaginação e pensamento. Ao falar do brinquedo enquanto situações imaginárias e sua importância na constituição da atmosfera emocional das crianças, Vygotsky (1986, p. 107) motiva-nos a entender o pensamento vinculado à imaginação. E daí decorre a necessária consideração que precisa haver, por parte da escola, em relação à importância do desenho, das brincadeiras de faz de conta (jogo simbólico) e textos espontâneos como elementos facilitadores na construção de conceitos. Talvez esse fosse o caminho mais efetivo de trabalho com Dido, por exemplo.

Construir conceitos matemáticos sem esses elos possibilitadores da expressão do pensamento é difícil e pode representar uma das explicações do porquê de as crianças não aprenderem. Assim, "afastar-se da

---

[9] Embora essa atividade tenha ocorrido no mês de outubro e não esteja na ordem cronológica das anteriores, sua inserção no Grupo de Problemas 3 deu-se pela proximidade dos objetivos.

realidade para compreendê-la" é decisivo na construção dos conceitos matemáticos, portanto, na resolução de problemas.

Em um segundo momento, passamos à mesa de atividades. Propus que brincassem com as cartas do baralho e depois as desenhassem, correspondendo em seus desenhos a quantidade de símbolos de cada carta e os algarismos.

Um fato interessante ocorreu com Dido naquele dia. Após ter batido em uma colega, abracei-o e fiquei ao seu lado.

> P — Não acha mais gostoso fazer carinho do que bater?
>
> D — Acho. Mas minha mãe me bate sempre.
>
> P — Bate muito?
>
> D — Não muito. (Chupando o dedo como costumava fazer)

Como foi mencionado na história de Dido, ele vivia um conjunto de conflitos familiares decorrentes de atitudes de "rejeição" por parte dos pais e irmãos, explicitada na fala da mãe. Sua educação instaura-se em um contexto de inibição e cerceamento, seja na proibição dos brinquedos, seja nos desafetos, expressos por parte dos irmãos, que se referem a ele como "a peste". Embora a família de Dido fosse composta por pai, mãe e irmãos, respeitando, portanto, as regras do ideário familiar preconizado pela sociedade de classes (GOMES, 1995), ele vivia em constante restrição dos laços afetivos, importantes na constituição do desenvolvimento psíquico e intelectual.

Os meses de agosto e setembro serviram para que eu conhecesse bem as crianças. Elas revelavam muitas diferenças em suas formas de compreender o mundo e de lidar com as atividades que eu propunha. Algumas realizavam as atividades e solicitavam maiores desafios. Outras ainda não conseguiam e demonstravam necessidade de trabalhar com conceitos mais elementares.

Até aquele momento, eu sempre defendia a organização dos alunos em turmas heterogêneas, acreditando no trabalho em grupo como um facilitador na aprendizagem de todas as crianças, independentemente de seus diferentes níveis ou experiências em relação aos objetos do conhecimento. Embora meu pensamento sobre "enturmação" não houvesse mudado, havia algo a se fazer para conseguir um avanço maior na construção dos conceitos, assim, optei por separar o grupo de acordo com os critérios expostos no quadro a seguir.

Quadro 4 – Critérios de separação do grupo de crianças

Alunos(as)	Características
Grupo A • Dido • Guto • Sílvia • Vera • José • Josi • Ana	Menor autonomia na realização das atividades; Pouca familiaridade com os símbolos enquanto representação do real, inclusive leitura e escrita (exceto Josi); Maior tempo na realização das atividades; Necessidade de intensificação das atividades envolvendo noções de quantidade, totalização, correspondências e símbolos numéricos, sobretudo os de dois algarismos.
Grupo B • Eva • Almir • Ed • Lídia • Auro	Maior autonomia na resolução das atividades; Menor tempo na realização das atividades; Capacidade de resolver problemas de transformação e comparação em quantidades maiores que 10; Bastante familiaridade com os símbolos, incluindo leitura e escrita.

Fonte: elaborado pela autora

Optei por deixar Ana trabalhar no grupo A, pois embora ela já dominasse as noções básicas referentes ao conceito de número, sua intensa ligação com Eva fazia com que perdesse a autonomia e copiasse muitas atividades da colega. Sua presença no grupo A faria com que ela ajudasse mais as outras crianças, em vez de pedir ajuda. Essa hipótese confirmou-se, posteriormente, pois sua presença no grupo A serviu de incentivo a novas aprendizagens. De uma situação de submissão passou, muitas vezes, a liderar o grupo, orientando os colegas nas atividades.

Desse ponto em diante, sempre vou me referir aos dois grupos, que passaram a trabalhar em horários diferentes. As atividades frequentemente eram as mesmas, diferenciando-se os níveis de desafios propostos. Em outros momentos, eram trabalhados dois tipos de atividades.

Grupo de Problemas 4 — Situações diversas de adição e subtração: do significado à representação

Objetivo: *Resolver Problemas de Transformação.*

Jogo dos dois dados com subtração (09/10/98):

O jogo consiste em jogar dois dados. A quantidade menor indica o número a ser subtraído da quantidade maior. As duas formas seguintes mostram como Eva registrou suas operações e revelam seu nível de compreensão dos algoritmos, o qual foi sendo construído nos meses anteriores.

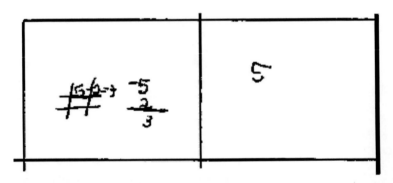

Considero que a significativa conquista da subtração, para Eva, foi uma etapa importante na resolução de problemas matemáticos, envolvendo o campo conceitual aditivo. A essa altura, 40% do grupo já havia atingido esse nível.

Jogo do baralho (14/10/98):

As cartas de um baralho, excluindo-se as figuras, deveriam ser distribuídas entre os jogadores. Quem tirasse a carta 7 começaria o jogo. Os jogadores seguintes deveriam ir completando a sequência de 1 a 10, tomando-se o 7 como ponto de partida, até serem completados os quatro naipes. Venceria o jogo quem encaixasse todas as cartas primeiro. Ao grupo B ofereci uma tabela, na qual deveriam registrar o número de cartas distribuídas, o número recebido por cada jogador e as cartas que sobravam. Depois, deveriam efetuar outras operações semelhantes a essas.

CARTAS DO MONTE	TOTAL DE CARTAS DISTRIBUÍDAS	SOBRARAM NO MONTE
36	35	1

Jogo dos palitos (21/10/98, Figura 5):

Os jogadores lançavam dois dados, somavam suas quantidades e pegavam palitos de fósforos. Ao completarem 10, trocavam por um palito de picolé. Venceria o jogo quem tivesse mais palitos de picolé (PEREIRA, 1994).

Figura 7 – Jogo dos palitos

Fonte: Pereira (1994)

No dia do jogo dos palitos, tinham faltado muitas crianças, tal como era comum na escola "Vida". Então, trabalhamos os dois grupos juntos. Auro chegou quando já estávamos na quarta rodada entre as cinco que havíamos combinado.

P — Como vamos fazer se o Auro já perdeu três jogadas?

José — Ele entra no jogo. Quando chegar a vez dele, depois da Josi, ele joga e eu fico sendo o último.

P — Mas ele perdeu três jogadas...

Eva — Então ele entra e começa tudo de novo.

Todos — Éhhhh...

P — Mas ele também poderia jogar três vezes seguidas...

Ninguém respondeu como se não tivessem compreendido minha proposta.

P — Então vamos começar de novo.

A seguir, será transcrito o resultado desse jogo.

Jogadores	Pontos
Dido	IIIIIIIII
Vera	y y IIII
José	y IIII
Auro	y y II
Josi	y y
Professora	IIIIIIIIII
Eva	IIIIIIII

y representa o palito de picolé e *I* representa o palito de fósforo.

P — Quem ganhou o jogo?

Eva e Auro respondem: Vera, Auro e Josi.

P — Por quê?

Eva — Porque eles fizeram mais palitos de picolé.

P — Mas eu também fiz muitos palitos...

José — Se você tivesse trocado...

Auro e Eva — Auro foi o segundo lugar e Josi o terceiro. (21/10/98).

Compreender que os valores eram maiores para quem tivesse mais palitos de picolé foi algo que as crianças dos dois grupos dominaram, o que a princípio me induziu a pensar que já compreendiam a relação de agrupamento das unidades, necessária no conceito do valor posicional. Entretanto, não era bem assim. As tabelas a seguir, preenchidas por Lídia e Auro em um encontro posterior, revelaram que não houve uma transposição simultânea da compreensão dos agrupamentos de 10 e de 1. Quando solicitados a preencher a tabela com o total dos pontos, representando-os em algarismos, Auro e Lídia não conseguiram completá-la registrando o total de pontos.

	JOGADOR	DESENHO	CÁLCULO	TOTAL
Lídia	JoSiMaza	JUoooo ☐☐☐☐	10+10+10+10+	
	LEYDiane	boo ☐☐☐☐	10+10+10+10	
Auro	Arthur	☐☐☐☐☐☐	10+10+10+10+10+10	

A representação dessas crianças não correspondeu ao resultado concreto obtido no jogo, tampouco elas foram capazes de representar com números os resultados obtidos. Novamente, a dissociação entre os *invariantes operatórios* e suas *representações* mostra-se presente nessa complexa e encantadora construção de um conceito matemático.

As crianças dos dois grupos sempre pediam para que trabalhássemos na "casinha de brinquedos", uma sala de recursos cheia de brinquedos e usada por alunos com necessidades especiais. Geralmente, na "casinha" todas as crianças envolviam-se e brincavam com bonecas e carrinhos, mas era uma brincadeira individualizada, sem muitas regras coletivas explícitas. Cada criança escolhia um brinquedo e brincava sozinha.

O brinquedo vivenciado pelas crianças em sua trajetória pré-escolar é um elemento determinante nas suas representações do mundo real. Ele está, portanto, intrinsecamente relacionado às futuras representações matemáticas que serão exigidas na escola e na vida.

A forma como as crianças brincavam apontava para uma possível ausência desse brinquedo em sua realidade, fosse pela falta do próprio brinquedo enquanto objeto material, fosse pela responsabilidade dos afazeres domésticos que lhes era atribuída muito cedo em razão da condição das mães, ao saírem para buscar o sustento fora de casa. A atribuição de significados aos objetos (brinquedos) constitui uma etapa importante na construção do símbolo. Além disso, "Sob o ponto de vista do desenvolvimento, a criação de uma situação imaginária pode ser considerada como um meio para desenvolver o pensamento abstrato" (VYGOTSKY, 1986, p. 118).

Assim, se a escola continua a pensar a vivência do jogo simbólico e o incentivo à imaginação como perda de tempo, ela está enganada. Permitir vivências desse tipo, além de viabilizar a própria integração entre os aspectos cognitivos e socioafetivos, encaminha os sujeitos para a estruturação do próprio pensamento abstrato, sem o qual as aprendizagens matemáticas não são possíveis.

Adesivos (06/11/99):

Os adesivos foram introduzidos em nossos encontros inicialmente porque algumas crianças tinham resistência a frequentá-los. A cada encontro em que fossem e do qual participassem, recebiam um adesivo. Ao completarem 10, recebiam um prêmio. Trata-se de uma forma não tão correta do ponto de vista do desenvolvimento da autonomia social das crianças, mas necessária para atraí-las aos encontros, pois sua presença inicialmente era pouco frequente.

Com o passar do tempo, a quantificação desses adesivos tornou-se uma atividade significativa e de rotina, porque todos queriam saber quantos adesivos faltavam para cada um completar os 10. Aproveitei para sistematizar essas situações, transformando-as em problemas matemáticos.

No diálogo a seguir, vê-se que, além de estarem presentes nas atividades matemáticas, os adesivos também estavam presentes nas interações socioafetivas, despertando discussões em torno do comportamento de cada um.

P — O Auro, hoje, não quis fazer as atividades e não falou o porquê...

José — Ele ficou zangado porque não fez o desenho.

P — *Então, será que ele deve ganhar o adesivo?*

José — *Ele é legal, ficou quieto e não fez bagunça.*

Todos concordam, e José entrega o adesivo a Auro. (16/09/98).

Grupo de Problemas 5 — Reconhecendo e utilizando símbolos matemáticos

Objetivos: *Identificar os sinais de +, – e =, utilizando-os em situações e espaços próprios; reconhecer algarismos maiores que 10.*

Os conjuntos de atividades anteriores deram mais ênfase às noções de número e operações matemáticas, mediatizadas pela resolução dos problemas. Já neste bloco, propus as atividades "História dos Sinais", "Bingo", "Calculadora" e "Lojinha" para que as crianças conhecessem e se familiarizassem com os símbolos matemáticos. Muitas vezes, elas precisavam registrar uma operação e faltavam-lhes os algoritmos. Afinal, a introdução dos conceitos científicos constitui-se em um elemento propulsor de novos conhecimentos e de suporte ao desenvolvimento intelectual (VYGOTSKY, 1993). A análise das produções e dos avanços das crianças direcionava para a elaboração das atividades sequentes e levava ao momento propício para introdução de novas informações, isto é, os próprios conteúdos curriculares. Nesse ponto, prover maiores experiências com formas representativas dos conceitos serviria como subsídio, propiciando mais recursos internos para a expressão gráfica (significante) do raciocínio.

História dos sinais (11/11/98):

Compreender os sinais aritméticos como símbolos arbitrários por meio de uma história talvez ajudasse as crianças a lidar com eles, uma habilidade até então demonstrada por poucos. Li a História dos Sinais e, depois, as crianças também "leram" comigo.

HISTÓRIA DOS SINAIS

HAVIA ANTIGAMENTE, NUMA CIDADE DA ALEMANHA, UM HOMEM QUE NEGOCIAVA COM VINHOS.

ESSE HOMEM RECEBIA, DIARIAMENTE, VÁRIOS TONÉIS DE VINHO.

OS TONÉIS QUE CHEGAVAM AO FABRICANTE ERAM CUIDADOSAMENTE PESADOS. SE O TONEL PESAVA MAIS DO QUE DEVIA, O HOMEM, MARCAVA-O COM UM SINAL EM CRUZ (+). ESTE SINAL QUERIA DIZER MAIS.

SE O TONEL PARECIA FALTAR UMA PORÇÃO DE VINHO, O HOMEM MARCAVA-O COM UM TRAÇO (–). ESTE SINAL QUERIA DIZER MENOS.

OS SINAIS USADOS ANTES PELO NEGOCIANTE DE VINHO SÃO ATÉ HOJE, USADOS PELOS MATEMÁTICOS.

O SINAL + INDICA ADIÇÃO. O SINAL – INDICA SUBTRAÇÃO.

EXISTEM OUTRAS HISTÓRIAS SOBRE A ORIGEM DESSES SINAIS. (PEREIRA, 1994).

Após a leitura e compreensão do texto, as crianças foram solicitadas a resolver o problema seguinte: *como ficaram os tonéis, se cinco deles pesavam mais do que deviam, três deles pesavam menos e dois pesavam o mesmo tanto?* As duas resoluções a seguir mostram níveis diferenciados de compreensão.

Lídia realizou a atividade sem problemas após solicitar apoio para a resolução, como mostram os desenhos a seguir.

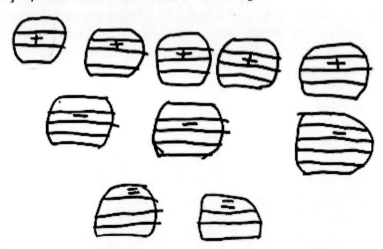

Ela fez a correspondência dos sinais, tal como é explicado no decorrer do texto, utilizando-os adequadamente em cada barril.

Dido também solicitou ajuda, mas demorou a compreender o que deveria fazer. Depois, fez a representação mais fiel do vinho, extrapolando a medida nos barris com o sinal +, além de desenhá-los na balança. Faltou apenas a representação de mais um barril com o sinal –.

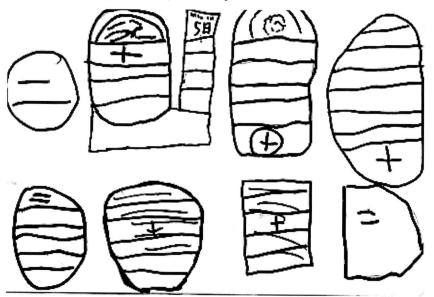

Tal qual a representação do jogo de basquete no fogão a lenha de sua casa, Dido sempre representava fielmente o pensamento em forma de desenho, uma importante capacidade. Mas era a etapa anterior à representação de letras e números que precisava ser explorada em um trabalho mais individualizado, objetivando-se a representação formal (letras e números).

Jogo do bingo (20/11/98):

Paralelamente à pouca familiaridade das crianças do grupo A com os sinais aritméticos, ocorria também a não identificação de algarismos maiores que 10, ou seja, de números representados por dois ou mais algarismos. O Jogo do bingo, tal como é veiculado comercialmente, com pedras e cartelas contendo números de 1 a 90, possibilitou muitas experiências relativas à representação e ordenação dos números. Por um lado, Lídia, Almir, Eva, Ana, Auro, Eduardo e Josi reconheciam os números e dominavam sua localização na cartela. Mas José, Dido,

Sílvia e Vera, não (Guto faltou naquele dia). O diálogo seguinte mostra os obstáculos encontrados por Vera e Dido.

Almir — (Cantando as pedras) Doze!

>D — É o 4 e o 3.
>
>P — O 12?
>
>A — É o 1 e o 2.
>
>A — Quinze!
>
>V — Eu tenho! (Apontando para o 51)

A maior preocupação de Vera estava em ganhar ou perder, contando sempre quantos números lhe faltavam para marcar, embora tivesse capacidade de operar quantidades menores. Com certeza, estava a caminho de conseguir operar com quantidades maiores.

Calculadora (25/11/98):

Planejei como última atividade em grupo a lojinha. Foi a atividade eleita por todos como a melhor. Introduzi a calculadora como mais um elemento cultural relativo aos símbolos a ser conhecido pelas crianças e como um dos importantes instrumentos usados no comércio da região em que estava localizada a escola.

Para as crianças com maior capacidade para lidar com os símbolos, a calculadora significou mais um auxílio importante na resolução de problemas. Para as que apresentaram dificuldades (as mesmas do Jogo do bingo), o domínio sobre os mecanismos das operações na calculadora não foi atingido.

As dificuldades de Josi com a calculadora eram diferentes, uma vez que ela já conhecia os símbolos matemáticos, mas não compreendia as relações de parte-todo envolvidas nas operações de compra e venda, tampouco as realizava na calculadora.

As dificuldades de José, por outro lado, estavam ligadas aos algarismos e aos símbolos +, – e =. Mas ele já conseguia operar usando dedos, objetos ou desenhos.

No processo de construção das estruturas aditivas, algumas crianças mostravam-se mais familiarizadas com os aspectos *representati-*

vos do conceito, outras com aspectos *operatórios*. Isso demonstrou a importância cada vez maior, por parte do professor, de aprofundar os conhecimentos sobre seus alunos. Não significa que se deva preparar atividades fragmentadas (operação e símbolo separadamente), mas esses dois aspectos precisam ser considerados e acompanhados na prática educativa. É bom relembrar, neste ponto, o esquema de Gerard Vergnaud para a explicação dos componentes de um conceito matemático, envolvendo situações, operações e símbolos: C= (S,L,Y).

Aprender Matemática não é simples. Por isso, a oferta de atividades variadas que contemplem os elementos do esquema acima em momentos e espaços de trocas entre o adulto e o grupo de crianças que aprendem é fundamental.

Muitas vezes, esses espaços ocorrem mesmo fora de contextos escolares, em razão da forte presença de situações matemáticas no cotidiano. Entretanto, promover situações de pensar, mais que reproduzir modelos, é a grande função do espaço escolar.

É comum verificar-se, por exemplo, como um pedreiro lida bem com questões práticas de Matemática, por desenvolver uma função sempre ligada a ela. Mas o ato de pensar sobre essa funcionalidade das medidas e cálculos será ainda mais importante ao pedreiro se ele conseguir analisar, comparar e planejar ações na utilização dessas medidas, o que certamente evitará erros em resultados de seu trabalho. O desenvolvimento da capacidade de pensar, por meio de situações criativas e com significado, é tarefa da escola.

Lojinha (27/11/98):

A lojinha foi uma repetição da atividade do dia 28 de agosto. Da segunda vez, solicitei que as crianças trouxessem de casa "produtos" como vidros e caixas vazias para serem vendidos. Apenas Eva trouxe algumas embalagens. Organizamos nossa loja mesmo assim, com os produtos que eu havia preparado. As crianças colocaram os preços e separaram os produtos em "seções". A atividade ocorreu no dia da "Consciência Negra", e a escola precisou ocupar o horário do nosso encontro. As crianças do grupo A não puderam realizar a lojinha em todo o tempo previsto. Descreverei, a seguir, duas situações ocorridas: primeiro a do grupo A e, em seguida, a do grupo B.

Grupo A:

Dido mostrou-me um jogo de canetinhas e perguntou o preço.

> D — Tia, quanto custa?
>
> P — É R$ 1,00 cada uma.
>
> D — Tia, é uma dessas? (Mostrando o jogo com cinco canetas)
>
> P — Não. Só uma caneta.
>
> D — Pô, hein! Só isso?
>
> P — (No momento fiz um ar de riso) Pode levar todo o jogo por R$ 3,00.
>
> D — Custa 3. Tem que dar R$ 3,00 por essas? Eu dou R$ 1,00...
>
> P — Não, mas não é assim. O dono da loja pediu R$ 3,00 e você tem que pagar...

Dido mostrou uma nota de R$ 5,00 para pagar o jogo de canetas. Ele tinha mais duas notas de R$ 1,00. Ele já incluía, mentalmente, os três reais nos cinco, mas não conseguia operar para saber quanto teria de troco.

> J (caixa) — Você tem que me pagar R$ 5,00 e aí eu te dou troco (27/11/98).

O diálogo continuou e nenhuma das duas crianças conseguiu realizar a operação, embora demonstrassem perceber que havia necessidade do troco. Dido, ao reclamar do preço e dizer que só dava R$ 1,00, estava tentando negociar comigo porque de fato achava caro, ou porque só tinha uma nota de R$ 5,00 e duas de R$ 1,00 e não sabia operar 5 – 3 usando as notas de que dispunha. Uma atitude interessante de minha parte poderia ter sido a de deixar as canetas por R$ 2,00. Ele as pagaria com suas duas notas de R$ 1,00 e tudo estaria bem. Afinal, essas negociações sempre ocorrem em situações de compra e venda. Além disso, naquele momento, a necessidade de realizar atividades geradoras de autoconfiança mostrava-se mais urgente que grandes desafios cognitivos a serem propostos a Dido.

Grupo B:

Ao terminarem as "compras", as crianças foram se sentar à roda final atendendo ao meu chamado.

> *P — Gente, o Ed comprou muitas coisas e ainda sobraram R$ 5,00.*
>
> *Ed — Eu paguei, tia, eu paguei... (Com medo de que eu estivesse desconfiando dele)*
>
> *P — Você comprou três sabonetes de R$ 1,00 cada um, um perfume de R$ 2,00 e mais dois "shampoos" de R$ 1,00 cada.*
>
> *Crianças — Deu R$ 7,00.*
>
> *P — Mas ele tinha R$ 12,00, então, quanto deveria sobrar?*
>
> *Almir — R$ 2,00.*
>
> *Auro — R$ 4,00.*
>
> *P — Vocês estão falando sério?*
>
> *Auro, Almir e Eva decidiram usar a calculadora e responderam: — Sobrou R$ 5,00. (27/11/98).*

Os cálculos das despesas e da receita de cada um continuaram na roda, com as crianças usando a calculadora ou outros mecanismos. As crianças do grupo B constataram que alguns conseguiram comprar mais produtos que outros porque escolheram coisas mais baratas.

CAPÍTULO 8

E AGORA? COMO VAI A MATEMÁTICA?

Encerrar o trabalho exigia uma etapa de verificação dos avanços e transformações no grupo de crianças com relação ao seu desempenho matemático, envolvendo os problemas de transformação no Campo Conceitual das estruturas aditivas. Retomei o problema inicial (dos arremessos), trabalhando individualmente com algumas adequações, como será possível ver a seguir.

Evandro tinha 35 adesivos, perdeu 18. Com quantos ficou?

A categoria II (VERGNAUD, 1982) — Problema de transformação envolvendo duas medidas (estado-transformação-estado) — foi tomada como referência na escolha do último problema porque o primeiro foi selecionado com base nessa categoria, e as crianças não obtiveram sucesso. Supus, pelos avanços percebidos ao longo da intervenção, que quase todo o grupo já seria capaz de solucioná-lo.

Algumas crianças avançaram para os problemas da categoria III — Relação estática entre duas medidas (estado-relação-estado). Conhecer e descrever os conhecimentos adquiridos durante a intervenção, bem como a forma como as crianças chegaram a eles, era o principal objetivo na etapa final dos trabalhos.

Para as crianças do grupo A, que ainda demonstraram pouca familiaridade com as quantidades 35 e 18, substituí esses valores por 10 e 3. O quadro a seguir contém informações sobre o desempenho final das 12 crianças.

Quadro 5 – Resultados das crianças no último problema

Problemas	Acertos	Porcentagem	Erros	Porcentagem	Total de crianças
Grupo B Evandro tinha 35 adesivos, perdeu 18. Com quantos ficou?	7	100%	—	—	7
Grupo A Evandro tinha 10 adesivos, perdeu 3. Quantos adesivos ele tem agora?	4	80%	1	20%	5

Fonte: elaborado pela autora

Das 12 crianças, sete resolveram problemas de transformação envolvendo duas medidas em quantidades maiores que 10; quatro crianças resolveram problemas de transformação em quantidades menores que 10; e apenas uma criança encerrou a intervenção sem conseguir avançar, nem mesmo lidando com quantidades pequenas.

Considerando-se que, no início da intervenção, apenas Almir teve sucesso com o problema dos arremessos, os dados quantitativos apontam para uma reflexão favorável à intervenção da forma como foi realizada. Houve avanços no nível real de desenvolvimento das crianças porque, com exceção de Dido, todas elas chegaram ao resultado correto nos problemas de transformação da categoria I.

Os que avançaram mais chegaram ao final e tornaram-se independentes na resolução da segunda aplicação do problema. Esses, com exceção de Almir, não conseguiram resolvê-lo na primeira vez que fora apresentado, nem mesmo com ajuda. Os demais que também não conseguiram solucionar na primeira vez resolveram-no na segunda, com ajuda e operando com quantidades menores. Isso demonstra um ganho significativo em seu desenvolvimento, de acordo com a abordagem "vygotskiana".

Para ilustrar a "leitura" qualitativa dos dados, tomarei como base um pouco da história de quatro crianças cujos desempenhos foram bastante diferenciados: Almir, o único que resolveu parcialmente o problema dos arremessos e totalmente o dos adesivos; Dido, a criança que não resolveu nenhum dos dois problemas; José, que, embora tenha resolvido o problema dos adesivos com as quantidades 35 e 18, só o fez com muita interferência e em um tempo bastante superior ao das outras crianças; e Josi, que resolveu apenas o problema dos adesivos com quantidades menores, mas solicitando muita interferência e, obviamente, levando mais tempo que as outras crianças.

As descrições seguintes terão a ordem: nome da criança e seus respectivos desempenhos nos problemas 1 (arremessos, 12/08/98) e problema 2 (adesivos, 02/12/98), com as considerações que julgo relevantes.

Almir
Problema 1

Como foi descrito no início deste capítulo, Almir resolveu sem representar a operação numericamente e só depois de muita interferência da pesquisadora.

Problema 2

Após a apresentação do problema já mencionado, seguiu-se o diálogo:

A — 35?

P — É.

A — Perdeu 18, né, tia? Ficou com 10. Você não trouxe calculadora, não?

P — Trouxe, mas só pode usar para conferir a resposta.

A — Ficou com 8, tia. Ah! Não sei não.

P — Faz com risquinhos. (Ele faz a representação seguinte)

$$35 - 18 =$$

P — Você sabe resolver 35 – 18?

A — 5 menos 8... Não pode. Pega emprestado.

(Faz o algoritmo, indicando o reagrupamento, depois usa os tracinhos, indicando o 15 – 8)

A — Dá 7. 2 menos 1 dá 1, dá 2. Não, dá 1 mesmo. É 17.

Proponho que ele use a calculadora:

A — É "ingual" a 17.

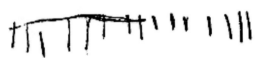

Almir encerrou fazendo um desenho de um trator puxando terra. É o que estava ocorrendo na entrada da escola há duas semanas, trazendo muita poeira e barulho constante.

P — Agora pode ir e promete para mim que nunca vai deixar de vir à escola?
A — Prometo. Vou ficar aqui até a 8ª série. Depois, vou para a UFES, passar para a área de "isformática". É mexer com computador. (04/12/98).

A evolução de Almir evidenciou-se no uso do algoritmo da subtração com reagrupamento. Essa foi uma conquista de apenas duas crianças. As demais resolviam o problema usando os tracinhos ou os dedos e só depois armavam a operação, colocando o resultado já efetuado nos tracinhos.

As práticas de repetições de algoritmos (continhas) de adição e subtração que as professoras costumam utilizar, com muita frequência, tornam-se exercícios mecânicos que podem permear a vida escolar das crianças por anos, sem que estejam relacionadas à construção de um conceito matemático. Embora Almir tentasse "chutar" a resposta no início, a interferência do adulto possibilitou que ele mostrasse a globalidade do conceito referente às estruturas aditivas, unindo compreensão da situação-problema, linguagem verbal e operação com reagrupamento, expressando esse conjunto de conhecimentos em sua notação final.

Dido

Problema 1

P — Você sabe ler o que está escrito aqui?

Dido falou letras que não correspondiam às que estavam no texto do problema, para as quais ele apontava com o dedo.

P — (Depois de ler o texto pra ele) Você sabe o que é um jogo de basquete?

D — Dois homens jogando para acertar a bola.

P — Se ele jogou 35 bolas e acertou 18, quantas ele errou?

D — Nenhuma.

P — Dá para escrever o que você falou?

D — Não.

Retomei o problema e expliquei novamente.

D — Errou 3.

P — Por que pensa que é 3?

D — Porque sim.

Faço 35 tracinhos no papel e peço a Dido que os conte. Ele conta até o 29 e depois diz: "dez, quarenta"...

P — Então acha que a resposta é 3?

D — É 36.

P — Pode escrever este número?

Dido escreveu "d3" (12/08/98).

Problema 2

Evandro tinha 10 adesivos, perdeu 3. Com quantos ficou?

Orientei para que desenhasse a "historinha" como quisesse.

D — Tem que fazer desenho? (Após ficar parado, olhando o ambiente ao redor, começou a desenhar. Enquanto desenhava, estava atento aos que passavam por ele. Fez o desenho de uma casa e um animal parecido com um cachorro)

P — Que animal é esse?

D — Um monstro. (Começou a colorir e parou. O dedo sempre na boca)

P — Você sabe o nome das cores?

D — Não. (Perguntei as cores e respondeu corretamente. O laranja chamava-se "cor de abóbora")

Enquanto desenhava, sua mão esquerda ficava fechada, com a palma para cima. Sempre com a língua entre os dentes, Dido batia a mão direita sobre a mesa. Às vezes, parava para olhar o movimento e sugerir livros para as crianças que vinham à biblioteca, onde trabalhávamos naquele dia.

Dido continuou o desenho, fazendo movimentos com o corpo, sintonizados com os movimentos das mãos, ao desenhar. Começou o desenho da metade da folha para cima, traçando uma linha de base. Pegou um livro na estante e copiou o que estava escrito na capa. Sempre observei sua paixão por livros. Mostrei-lhe o título do livro e perguntei:

P — Sabe o que está escrito?

D — Urso Grandão.

Havia um urso grande na capa. Mas o título era: "Cadê o meu ursinho?". A essa altura, Dido estava mais tranquilo, apoiando a palma da mão sobre a mesa, enquanto desenhava, sem morder a língua.

D — Terminei, tia.

P — Pode falar para mim sobre o seu desenho?

P — O que pensou quando estava desenhando?

D — Em ver livros.

P — Você gosta de livros?

D — Hum, hum...

P — Você desenhou... (Aponto para os desenhos, um de cada vez)

D — Monstro, castelo, leite de vaca (um bule) e morcego (04/12/98).

Na primeira proposta de resolução, não compreendeu, mostrando desconhecer as relações parte-todo e de quantidades descontínuas necessárias em sua resolução, dando respostas aleatórias, geralmente ligadas ao aspecto visual do número. No problema 2, quando solicitei que desenhasse a história, omitiu as possíveis relações e significados matemáticos contidos no texto do problema. Seu estado inicial de tensão e hipertonicidade muscular foi se transformando em tranquilidade e relaxamento à medida que compunha o desenho. Os símbolos monstro, castelo, bule e morcego eram o que constituía seu universo mental naquele momento.

Embora fosse fascinado por livros de histórias, em seus próprios desenhos, Dido não conseguia compor um texto, mas produzia elementos isolados, sem relação entre si. Presume-se que a impossibilidade de seus avanços se deu em razão de necessitar de um trabalho psicopedagógico de sentido globalizante, envolvendo desenhos, textos literários, brincadeiras de "faz de conta" e outras formas de expressão. Resolver problemas matemáticos seria uma conquista de longo prazo para aquela criança. Melhor dizendo: nesse caso, a hipótese dos problemas como possibilidade de superação das dificuldades de aprendizagem não se confirmou.

Como relatado anteriormente, Dido era uma criança rejeitada pela família, com histórico de violência doméstica e de repressão de suas expressões de criança. Era culpabilizado, muitas vezes, apenas por brincar e agir como criança. Mesmo assim, ele conseguia, até aquele momento, apoiar-se em seu amor pelos livros e desenhos, caminhos iniciais de uma possível intervenção psicopedagógica futura que provavelmente não aconteceu.

José
Problema 1
P — Pode escrever seu nome e a data?

José escreveu "José" e "data", em vez de colocar dia, mês e ano correspondentes.

P — Você sabe jogar algum jogo?
J — Sei jogar bola e queimada.

P — Sabe o que é um jogo de basquete?

J — É jogar bola em cima de alguma coisa.

P — Então, se você e Dido jogam bola, você fez 35 pontos e Dido 18, quantos você fez a mais que ele?

Mostro-lhe: José   Dido
             35   18

Ele continuou pensativo.

P — Dá para fazer uma "continha" usando 35 e 18?

Não respondeu.

P — Vamos fazer usando tracinhos?

Fez 20 tracinhos.

P — Já tem 35?

José contou, fez mais alguns e disse ter 57.

P — E agora? Como fazer para ficar 35?

Ele pediu a borracha, apagou alguns tracinhos, contou 36, apagou mais um e deixou.

P — Quem ganhou o jogo?

J — Eu.

P — Dá para marcar o tanto de ponto que Dido fez?

J — Dá. Foi 18.

Juntos, fomos contando, e eu fui riscando os pauzinhos. José mandou que eu parasse no 18.

P — Tem jeito de fazer uma "continha" disso que fizemos aqui?

J — Tem. Tem que ser de menos.

P — Qual das 3 seria? 20 – 10, 40 – 20, ou 35 – 18?

J — 35 – 18

P — *Você sabe resolver? (Não respondeu)*
P — *E se a gente olhar nos tracinhos, quanto será que sobra?*
J — *13.*
P — *Por que 13?*
J — *A professora ensina.*
P — *Se a gente contar os tracinhos, não fica fácil?*
J — *35. (Após contar)*
P — *É, mas não tirou 18?*
J — *Fica dezenove.*
Finalmente, José escreveu 19 (14/08/98).

Minha intervenção excessiva, buscando respostas de José, direcionou muito o seu raciocínio. Isso, de certa forma, foi necessário para que se conhecesse mais suas estratégias de pensamento, dados importantes para a sequência da intervenção. A tentativa de tornar o problema mais significativo provocou a *transformação* de sua estrutura. De um problema de transformação, passou à categoria das *relações estáticas* ou *comparações* ("a mais que"). Isso dificultou ainda mais o problema para José.

Problema 2
Evandro tinha 35 adesivos, perdeu 18. Com quantos ficou?
Depois da apresentação do problema, José respondeu:

J — *17.*
P — *Como você sabe?*
J — *Ele perdeu 18?*
P — *Dá para fazer no papel? (Fica mexendo no lápis sem responder)*
P — *Não dá para fazer com desenhos?*
J — *Não. Eu não sei desenhar. (Falou com aparente tranquilidade, enquanto olhava fotografias que eu havia tirado e oferecido de presente, no encontro final com os pais, ou entregue a eles mesmos. Estavam sobre a mesa)*

J — Minha mãe não pôde vir buscar minha foto. (Falou enquanto desenhava bolinhas no papel)

J — Ele perdeu 17. Ficou com uma? (Considerando 18 como o total de arremessos)

P — Ele perdeu 18.

J — Então ele ficou com 0.

Naquele momento, percebi que ele calculava bem o "–1" exigido pela operação que realizou mentalmente e tinha consciência do significado do 0.

P — Mas ele tinha 35...

J — Ah! É! Perdeu 18.

P — Você fez quantas?

J — 18. (Voltando-se para o papel) Ele tinha quantos?

P — 35.

Recomeçou a fazer. Às vezes, perdia-se na contagem e começava de novo.

J — Tenho que fazer uma prova ainda.

P — Prova de quê?

J — Português... Matemática... eu acho.

P — Bem, quantas bolinhas você fez?

J — 55.

P — Mas não eram 35?

J — Vou fazer de novo, do outro lado da folha.

J — 46. (Mas desenha 36)

Percebi que a quantidade 35 estava difícil para que realizasse a operação.

P — "Faz de conta" que ele tinha 11 adesivos e perdeu 5.

J — (Imediatamente) Deu 6. Eu fiz assim: IIIII IIIIII. Desenhei 11, separei 5 e deu 6.

Pedi-lhe que fizesse a operação na calculadora. Ele digitou 11 e 5 várias vezes, até que decidiu perguntar:

J — Qual o sinal que uso para fazer o perdeu?

Deixo que pense.

J — Já sei! (Faz 5-11 e dá -6) Deu 6.

P — Mas você não fez 11 e separou 5...

J — Ah! Já sei. Tem que colocar o 11 primeiro.

Eu sabia que inserir naquele momento a situação do 36 – 18 poderia ser conveniente. Voltamos ao problema anterior e, dessa vez, ele resolveu com tranquilidade.

Foi interessante o modo como registrou suas operações.

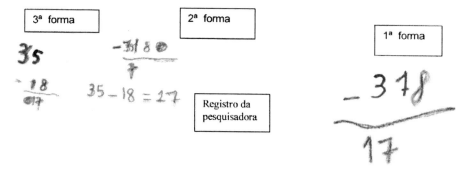

J — Tem que subir o 1. (Após a 3ª forma)
P — Por quê?
J — Porque é assim que a gente faz lá na sala (09/12/98).

Mostrei a ele, após a 3ª forma, outra maneira de representar a operação.

Embora ainda precisasse de muita interferência, José teve conquistas importantes na resolução dos problemas, tais como:

1. A compreensão de que o reagrupamento das dezenas em unidades (15 – 8) exigia um tipo de algoritmo especial;
2. A capacidade de explicar a operação 11 – 5, dizendo: "*eu fiz assim*", revelou seus avanços também na linguagem matemática e indicou a capacidade de dialogar sobre o 2º problema;

3. Dominava quantidades maiores, fazendo correspondências um a um, incluindo números menores em maiores, obviamente.

Por outro lado:

1. Não memorizava os algarismos, sempre confundindo o 30 com o 40, o 18 com o 28...;
2. Representava o algoritmo da subtração desta forma

$$\begin{array}{r}11\\ \underline{5-6}\end{array}$$

sendo que essas operações eram exaustivamente realizadas em sala de aula;
3. Não dominava os "mecanismos" de leitura e de escrita.

Essas dificuldades em identificar números expressos por um ou mais algarismos e de representar graficamente operações matemáticas foi uma característica comum encontrada em todas as crianças que não "sabiam ler e escrever". Era urgente e necessário oportunizar situações de contato com objetos culturais portadores de *situações* matemáticas e *situações* de leitura e escrita. A ênfase no termo *situações* refere-se à amplitude do conceito. Não basta expor os alunos a letras e números isolados sem significado ou vínculo com suas construções internas e experiências culturais.

No caso da escola "Vida", era uma necessidade ainda maior. A consciência da escola frente a essa situação a levaria a se perceber como o principal veículo de inserção das crianças no mundo dos números e das letras. Ou seja, quanto menor o nível de letramento apresentado pelos alunos em seus primeiros contatos com a escola, maior a responsabilidade dela em inseri-los em práticas sociais de utilização da leitura e da Matemática em situações significativas e desafiadoras.

Josi

Problema 1

Josi escreveu seu nome e a data, lendo o problema fluentemente (era a única do grupo que lia).

P — Você sabe o que é um jogo de basquete?

J — Ele pega a bola e joga para cima.
P — Então pode resolver o problema.

Faz risquinhos no papel. Conferindo para ver se a quantidade está correta.

J — 35.
P — O que é 35?
J — O 3 e o 5.
P — Mas acha que a resposta é 35?

Ela permaneceu calada e reli o problema.

J — O resultado é 3.
P — Você pode me explicar como encontrou o resultado?
J — Fiz pauzinhos. 25 pauzinhos.
P — Dá para achar o resultado fazendo "continhas"?

Josi traçou algumas linhas e inseriu números, sem estabelecer relações entre os números e o problema.

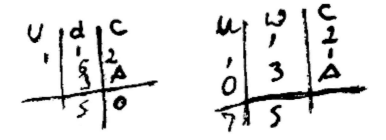

P — *Você pode me explicar o que fez?*
J — *(Com o lápis na boca) Fiz 1, 6, 2 e 4.*
P — *Já terminou de resolver? (Não respondeu) Quando terminar, me diz.*

Releu baixinho o problema e traçou, novamente, as linhas.

P — *Achou a resposta?*
J — *10.*
P — *Então, se quiser, pode escrever essa resposta. (Ela escreve "desis")*
P — *Terminou?*

A criança voltou às linhas traçadas e acrescentou alguns números (12/08/98).

Problema 2
Evandro tinha 10 adesivos, perdeu 3. Com quantos adesivos ficou?
J — *Tinha 10, perdeu 3, tia?*

Ficou pensando e contando os dedos embaixo da mesa.

P — *É.*

Depois, pôs as mãos sobre a mesa e usou a calculadora.

J — *Deu 39. (No visor aparece 309)*
P — *Faz agora no papel.*
J — *Cinco! (No desenho faz: I I I I I I I I I I Ela tava com 10, sumiu 3)*

Sugeri que Josi utilizasse as canetas e objetos que estavam sobre a mesa. Pegou as canetas, contou 10 e separou 4. Voltou a contar nos dedos. Retornou ao papel e, novamente, aos dedos.

J — *Ficou com 5.*

Para achar a resposta 5, Josi colocava as duas mãos, tirava os dois dedos e, na hora da contagem de quantos havia sobrado, só contava os 5 dedos, excluindo os dois da outra mão. Pedi novamente a ela que usasse as canetas. Ela contava as 10, mas na hora de subtrair acrescentava mais uma caneta que estava no estojo, tirava três e o resultado dava 8, e não 7. Repetiu esse processo três vezes.

J — Deu 8.

Pedi que ela repetisse a operação. Ela o fez até que se desse conta da 11ª caneta e a excluísse.

J — 7. Deu 7, porque tinha 10, sumiu 3, ficou 7.

P — Então pode mostrar no desenho o que você descobriu. Josi deitou a cabeça sobre o papel e desenhou uma casa.

P — Você está desenhando uma casa...

J — E agora tô desenhando ele, o Evandro.

P — Fez tudo o que tinha no enunciado do problema?

J — É. Mais eu desenhei quando ele deixou sumir.

P — Sumiu tudo?

J — Não. Ficou sete.

Deitou novamente a cabeça sobre o papel encobrindo o desenho. Apagou muitas vezes.

P — Por que está apagando tanto?
J — Porque a cabeça do piu-piu saiu errado.

P — Se quiser, pode fazer só um tracinho para cada adesivo.

APRENDIZAGEM MATEMÁTICA E INCLUSÃO SOCIAL

Enquanto desenhava as quantidades 7, 3 e 10 separadamente, dizia baixinho: Tinha 10, sumiu 3, ficou 7.

J — Deu 13.

Após somar 10 e 3.

P — Como é que faz o "sumiu" na calculadora?

J — É menos. (Encontrou rapidamente o resultado sete)

P — Pode agora escrever com números no papel?

J — Tinha 10, sumiu 3, ficou 7.

```
 10
+ 3
  7
```

P — Acha que é assim mesmo? Não tem nada para mudar aí?

J — Tem.

P — O quê?

J — O sinal (09/12/98).

Na evolução do pensamento de Josi, pode-se destacar a representação correta do algoritmo correspondente à operação do segundo problema, o que não se deu na primeira resolução, no mês de agosto. A construção das relações parte-todo não revelada no primeiro problema, uma vez que Josi só se ateve a um dos termos da operação, mostrou-se presente na resolução do final dos encontros.

Josi lidou com as quantidades 10 e 3, sempre incluindo a palavra "sumiu" como um referencial importante em seu raciocínio para se referir à subtração. A importância de se considerar as questões semânticas da linguagem na elaboração dos enunciados dos problemas é fundamental. Ao elaborar o texto de uma situação-problema, muitas vezes parte-se do pressuposto de que os alunos compreenderão cada termo ali escrito, como se fosse algo espontâneo e natural. Não é bem assim. Surpreendi-me ao perceber que, bem no início dos encontros, um dos alunos não sabia o que significava a expressão "cada um".

O fato de Josi excluir todos os dedos de uma das mãos e incluir a 11ª caneta demonstraram, de fato, que a relação entre as partes e o todo era um conceito ainda em construção. Associar seu bom desempenho na compreensão do algoritmo da subtração ao domínio da leitura é importante na análise de como se produzem as notações das letras e dos números nas crianças. Josi não tinha problemas com os símbolos, mas com a compreensão de partes menores no todo, ou seja, a inclusão de classes ou quantidades menores em maiores.

Conforme foi possível verificar, a evolução das crianças deu-se de forma diversificada, reflexo de construções singulares de suas diferentes histórias de vida. Entretanto, em nenhum momento essas singularidades constituíram-se em empecilho para o trabalho coletivo. O fato de no mês de outubro o grupo ter sido dividido em dois para possibilitar um registro mais aprofundado do desenvolvimento de cada um foi uma estratégia própria da pesquisa. Em sala de aula, o professor dispõe de outras possibilidades de organizar o trabalho pedagógico, de modo a individualizar seu atendimento aos alunos.

Com base nesses dados, devo concluir que, das 12 crianças encaminhadas, cinco poderiam ter superado eventuais dificuldades sem o acompanhamento. Apenas necessitavam que as interações e as formas diversificadas de trabalho em sala de aula favorecessem seus avanços.

Dentre essas cinco crianças, um caso específico chamou-me a atenção. Ed evidenciou intensas dificuldades em registrar algoritmos até mesmo quando copiava, além de demorar a processar mensagens ou entender, de forma deturpada, o que falávamos com ele. Entendo, com base em Lajonquière (1994), que esse seria um caso de "deficiência sensorial". No caso de Ed, esse diagnóstico não se viabilizou no início da intervenção. Mesmo assim, ele evoluiu consideravelmente, atingindo "bons" níveis operatórios, além de encerrar o ano com leitura fluente.

A vivência de Ed com os demais, em nível de igualdade e sem rótulos, foi um fator positivo em seus avanços, contrapondo-se ao início do trabalho, quando as crianças tinham resistência em aceitá-lo no grupo. Semelhantes características foram encontradas em Sílvia, que, inicialmente, só conseguia escrever se virasse a folha de cabeça para baixo, além de que o domínio dos algoritmos também lhe parecia difícil.

Entretanto, eu incluiria Sílvia entre as outras seis crianças cuja capacidade de aprendizagem é indiscutível. Elas também seriam favorecidas com práticas pedagógicas mais dinâmicas e desafiadoras que contemplassem os níveis operatórios e representacionais dos conceitos matemáticos, inseridos em situações significativas. Atenção individualizada, intenso trabalho de valorização visando à elevação da autoestima e um aprofundado conhecimento sobre os seus saberes, por parte do professor, talvez eliminassem a necessidade de uma intervenção fora de sala de aula.

Apenas uma criança apresentou um comprometimento merecedor de atenção psicopedagógica específica. Aos 9 anos, Dido ainda não conservava quantidades maiores que 10, fazia poucas associações entre sons e letras, tinha muita necessidade de brincar e viver como criança, sem se importar com o trabalho escolar. Em seu pensamento, o processo emocional apresentava-se como condutor, e o processo intelectual, como acompanhante (VYGOTSKY, 1998). Assim, um atendimento específico possibilitaria a Dido ir juntando, aos poucos, os "pedacinhos" de sua conflituosa história para *se assumir* como sujeito dela e permitir-se aprender o que a escola poderia lhe oferecer.

8.1 Socioafetividade e crescimento emocional das crianças

A escola "Vida" costumava tratar seus alunos com respeito e carinho, na maioria das vezes. Era o que se observava nas relações entre professores, funcionários e os alunos. Gratificava-me presenciar atitudes carinhosas no dia a dia. Não pude averiguar mais diretamente o clima que se criava nos dias de atividades avaliativas, com exceção de perceber uma das crianças bastante dispersa e agitada no dia em que haveria uma prova, que ela não sabia se era de Português ou Matemática.

Criar espaços colaborativos e de apoio às crianças produz efeitos muito positivos em seu crescimento emocional, o que certamente beneficiará o crescimento intelectual. Os alunos precisam perceber que o adulto está ali para promover suas aprendizagens, não para repreendê-los sempre, humilhá-los diante dos outros, ou prover práticas de depreciação e promoção de baixa autoestima.

As proposições teóricas apontadas no capítulo 4 nortearam minha prática na relação com as crianças. Os meses passados na escola foram de intensa proximidade afetiva, envolvendo todos em um clima de alegria e buscando formas democráticas para a resolução dos conflitos, quando surgiam.

A intenção era de, ao final do período passado na intervenção, avaliar os resultados em relação aos avanços na construção do campo conceitual das estruturas aditivas. Mas as emoções são constituintes da estrutura psíquica de quem aprende. Por isso, tentei analisar algumas expressões emocionais daqueles meninos e meninas, com o propósito de conhecê-los melhor, enfatizando-se as proposições dos autores anteriormente relacionados, entre as quais se destacam Wallon (DANTAS, 1997), para quem o vínculo afetivo sentimental entre o sujeito que investiga e os sujeitos investigados sabidamente dinamiza, facilita e fortalece o desencadeamento das reações cognitivas; e de Vygotski (1996), para quem os processos cognitivos devem se sobrepor aos estados afetivos, numa relação equilibrada entre ambos, para que os sujeitos avancem em seu desenvolvimento psíquico.

Foram elaborados instrumentos de observação das reações emocionais das crianças aos problemas propostos, suas atitudes diante dos desafios, da interação entre os membros do grupo. Eram roteiros de observação e acompanhamento preenchidos não só por mim e as estagiárias, mas pelas professoras. Eles ofereceram reflexões importantes a respeito das relações entre socioafetividade e inteligência, além de oportunizar conhecer como a escola "Vida" relacionava esses dois aspectos.

O primeiro roteiro só foi preenchido pelas estagiárias e buscou relacionar a socioafetividade ao desempenho nos problemas. O segundo continha, além de dados referentes à socioafetividade, itens relacionados à apropriação dos conceitos matemáticos elementares. Com base nos registros feitos, algumas expressões emocionais se sobressaíram, as quais serão referenciadas a seguir.

Roteiro 1 — DADOS DE ACOMPANHAMENTO DAS EXPRESSÕES SOCIOAFETIVAS

(Roteiro complementar do Diário de campo)

Nome:_____
Data: _____
Problema nº:_____

Expressões Emocionais	Ocorrência nos diversos momentos da resolução			
	Início	Durante	Final	Concluiu o problema Sim/Não
Apatia (desânimo)				
Dependência (heteronomia)				
Ansiedade (postura, expressões fisionômicas, roer unhas, balanço do corpo etc.)				
Envolvimento (atitude ativa)				
Tranquilidade				
Segurança (autonomia)				

Observações:_____

    Selecionei para discutir, aqui, dois indicadores das expressões socioafetivas: tranquilidade e ansiedade. Ambos foram comparados à quantidade de acertos apresentada pelas crianças nos 22 problemas realizados durante a intervenção.

    A definição dos comportamentos de tranquilidade e ansiedade, assim como qualquer outro, é algo difícil, porque as concepções a respeito do que seja uma expressão emocional variam e são carregadas de subjetividade. O que é tranquilidade? O que é ansiedade? Como se expressam na corporeidade dos sujeitos? Por isso, no Roteiro 1, procurei explicar o que de fato poderia ser considerado tranquilidade e ansiedade. Ainda assim, eu e as estagiárias preferíamos preencher os roteiros juntas, após cada encontro, para garantir maior fidedignidade. Tínhamos, dessa forma, os olhares de cinco observadoras sobre o mesmo aspecto.

O Gráfico 1 mostra a relação entre os níveis de tranquilidade e acertos durante a intervenção. De acordo com a frequência das expressões de tranquilidade apresentada pelas crianças em 22 encontros, calculou-se a média 11 para o nível de tranquilidade. Para calcular o nível de acertos nos problemas, obteve-se a média 6,5. Os problemas resolvidos parcialmente foram excluídos do total de acertos.

Gráfico 1 – Relação entre os níveis de tranquilidade e de acertos nos problemas

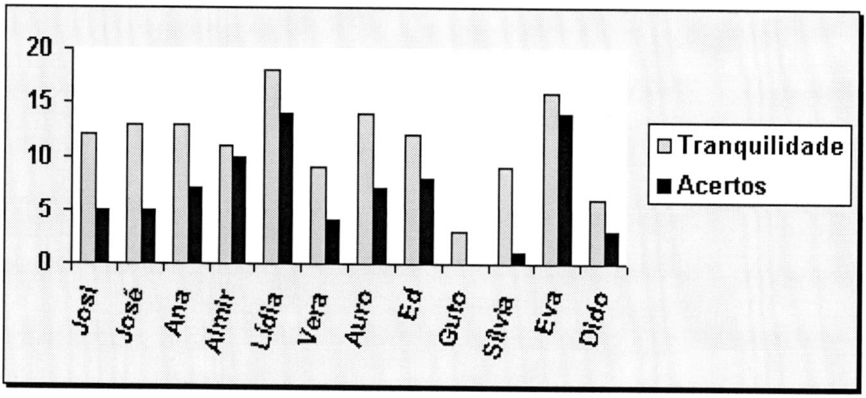

Fonte: elaborado pela autora

As crianças que se mostraram as mais tranquilas do grupo (Lídia e Eva) obtiveram melhor desempenho. As que se mostraram menos tranquilas (Vera, Sílvia, Guto e Dido) obtiveram os menores índices de acerto. Das que mantiveram um nível médio de tranquilidade, quatro revelaram índices acima da média em acertos nos problemas (Ana, Almir, Auro e Ed). As demais (Josi e José) mantiveram-se com média de acertos inferior a 6,5.

Dados muito semelhantes foram obtidos com base no indicador de ansiedade, como mostra o Gráfico 2.

Gráfico 2 – Relação entre as expressões de ansiedade e os acertos nos problemas

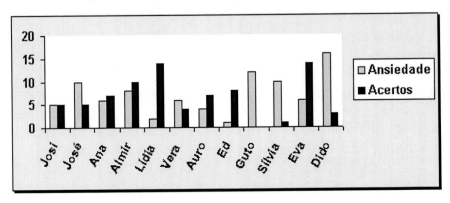

Fonte: elaborado pela autora

Considerou-se como nível médio das expressões de ansiedade o valor 7. As crianças com níveis de ansiedade mais altos (Dido, Guto, José e Sílvia) foram as que se revelaram menos tranquilas no Gráfico 1, com exceção de José, que apresentou nível médio de tranquilidade. Das crianças menos ansiosas (Lídia, Ed, Josí e Auro), uma apresentou-se muito tranquila e com alto nível de acertos; outra também tranquila acertou abaixo da média, e as outras duas tiveram rendimento e tranquilidade médios.

Quatro outras crianças (Vera, Almir, Eva e Ana) mantiveram-se na média ou próximas da média, em relação à ansiedade. Dessas, duas (Eva e Almir) com alto índice de acertos, uma (Ana) com rendimento médio, e uma (Vera) com rendimento baixo.

É interessante verificar, ainda, o gráfico que ilustra o cruzamento dessas duas expressões socioafetivas.

Gráfico 3 – Relação ansiedade-tranquilidade e os níveis de acertos nos problemas

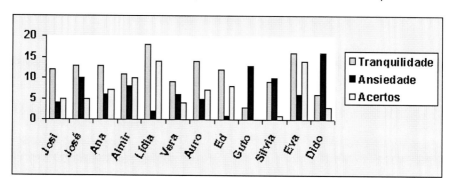

Fonte: elaborado pela autora

A relação inversamente proporcional ansiedade-tranquilidade alinha-se com os resultados das crianças nas resoluções dos problemas. De um modo geral, as mais tranquilas e menos ansiosas apresentaram melhor rendimento.

Entretanto, Josi mostrou-se tranquila, pouco ansiosa, mas com rendimento abaixo da média. Almir esteve na maioria das vezes ansioso, com rendimento alto. Eva, nos encontros finais, mostrou-se um pouco mais ansiosa, estava em plena evolução na construção de seus conceitos matemáticos, além de sua professora ter relatado crescimento na leitura. Nesse caso, a ansiedade, considerada por muitos como expressão "negativa", poderia estar servindo como "mola propulsora" no desenvolvimento de Eva, como afirma Vigotski (1998) sobre a necessidade de o próprio pensamento realista buscar, no ato de pensar, intensas *sensações emocionais*. Não há, portanto, crescimento intelectual sem um pouco de ansiedade.

Usualmente referido como sinônimo de angústia ou aflição diante de qualquer situação de perigo, o termo ansiedade é visto, também, como importante para impulsionar processos de crescimento interno. No entanto, caso ocorra em excesso, a ansiedade pode tornar-se patológica, ou seja, um Transtorno de Ansiedade (BIBLIOTECA VIRTUAL DO MINISTÉRIO DA SAÚDE, 2023).

Os dados aqui obtidos foram significativos para refutar aquelas teorias que olham as emoções e sentimentos de forma fragmentada, sem contextualizá-los e inseri-los em uma dimensão mais abrangente:

a afetividade (DANTAS, 1992). A própria dificuldade em estabelecer relações de causa e efeito com base na leitura dos gráficos comprovou o quão difícil — se não impossível — é quantificar sentimentos e emoções. De fato, a única coisa que se pode afirmar com precisão é que a tranquilidade e a concentração em uma tarefa são importantes para o bom desempenho. E se o ambiente escolar cuida de providenciar esse clima de tranquilidade e bem-estar, isso refletirá no rendimento dos alunos.

Não se pode negar, por um lado, que o aumento de reações emocionais tende a diminuir o rendimento intelectual, como já disse Vigotski (1998), sobre o lugar da emoção no pensamento autista. Entretanto, se as emoções estão interligadas, estruturalmente, aos processos psíquicos, é melhor que os educadores contem sempre com elas, nas relações cotidianas, e aprendam a refletir sobre elas incluindo-se nesse contexto. Afinal, o professor tem ansiedades, frustrações, pode estar tranquilo ou não.

As autoras Collares e Moysés (2020, s/p), em artigo sobre a medicalização e drogatização na escola, alertam para o fato de que

> [...] classificar crianças e adolescentes por meio de observações que os reduzem a 'casos' geralmente perdidos, intratáveis, é um ato que lhes subtrai a condição de sujeitos e avaliza, cientificamente, o bloqueio que lhes é imposto ao acesso ao futuro.

O acompanhamento daquelas 12 crianças por apenas seis meses foi a comprovação de que o ponto de partida da prática pedagógica é sempre compreender os alunos como sujeitos históricos, concretos, existentes em uma realidade concreta, da qual a escola faz parte e precisa se instrumentalizar para dar conta de ensinar. Rotular os alunos de ansiosos, hiperativos ou o que quer que seja só os culpabiliza e fecha possibilidades de crescimento em novas práticas pedagógicas, calcadas na competência dos verdadeiros atores do espaço escolar.

Mas a escola pesquisada mostrou, por um lado, grande atenção de seus profissionais com as questões socioafetivas dos alunos e, por outro, certa carência de atenção ao seu desenvolvimento intelectual. Para detalhar melhor, ilustro com os dados resultantes do segundo roteiro, preenchido pelas professoras, a respeito do desenvolvimento intelectual e socioafetivo dos alunos, disponibilizado para a escola, conforme mencionado no capítulo 6.

O roteiro proposto contemplava o desenvolvimento das crianças em dois aspectos: a construção de conceitos elementares de aritmética, geometria e o desenvolvimento socioafetivo. Propus também um espaço para registro livre de aspectos não apontados por mim.

Roteiro 2 — ROTEIRO DE ACOMPANHAMENTO DOS ALUNOS SOBRE SEUS CONHECIMENTOS MATEMÁTICOS

Nome do aluno:_____
Data:_____
Pense um pouco sobre o que suas crianças sabem em relação à Matemática quanto a:

1) Noção de Número
1.1   Sabe contar, fazendo correspondências biunívocas? Até quanto?
1.2   Compreende a inclusão de quantidades, isto é, que o 6 está "dentro" do 8, que está "dentro do 10", e assim sucessivamente?
1.3   Associa a quantidade ao algarismo que a representa?
1.4   Entende quantidades maiores que 10 e sabe representá-las numericamente?
1.5   Compreende que a ordem em que os números maiores que 10 são escritos altera o seu valor?
1.6   Costuma fazer inversões gráficas de números (escrita espelhada)?

2) Operações de adição e subtração em resolução de problemas
2.1   Resolve oralmente situações-problema, envolvendo somas de pequenas quantidades?
2.2   Resolve graficamente situações-problema, envolvendo somas de pequenas quantidades?
2.3   Resolve oralmente situações-problema, envolvendo somas de quantidades maiores?
2.4   Resolve graficamente situações-problema, envolvendo somas de quantidades maiores?
2.5   Compreende a relação entre as operações, isto é, que 8-5 é o inverso de 3+5, por exemplo?
2.6   Responda aos itens de 2.1 a 2.4 também em relação à subtração.

3) Geometria
3.1 Compreende relações de à frente, atrás, em cima, embaixo, à direita, à esquerda, com relação ao próprio corpo?
3.2 Compreende essas mesmas relações referentes aos objetos externos?
3.3 Organiza o espaço do caderno? Escreve fora das linhas, rasga folhas, faz "orelhas" etc.?
3.4 Quanto ao desenho, seu aluno gosta de desenhar? Ele ainda faz bonecos-palitos? Ou faz detalhes, indicando também o volume do corpo?
3.5 Consegue construir maquetes, demonstrando noções espaciais?
3.6 Organiza os desenhos, na montagem de painéis em sala de aula?

4) Expressões Socioafetivas
4.1 Seu aluno é muito inquieto, agitado?
4.2 Seu aluno é passivo demais? Está sempre distante? Não lhe atende?
4.3 É ansioso, nervoso, rói unhas, chupa o dedo ou tem atitudes semelhantes?
4.4 Aceita atitudes de carinho e afeto, ou as recusa sempre?
4.5 Você percebe alguma mudança quando o elogia?
4.6 Percebe mudanças quando lhe cobra as tarefas, por exemplo?
4.7 Irrita-se, chora, fecha-se ou se desespera diante da impossibilidade de fazer uma tarefa?
4.8 Está sempre olhando os trabalhos dos colegas antes de fazer o próprio?
4.9 Demora a começar uma atividade?
4.10 Toma a iniciativa de fazer uma atividade ou fica esperando que você ensine passo a passo?

Outras observações
_____

Os 34 itens apresentados contemplaram: Construção dos conceitos matemáticos (Noção de número, Operações de adição e subtração em Resolução de Problemas, Geometria); Desenvolvimento socioafetivo (Expressões socioafetivas).

Não é relevante tabular com detalhes as respostas dadas pelas professoras em cada item. Interessa, entretanto, traçar considerações sobre a forma de as professoras receberem esse instrumento de acompanhamento e o tempo gasto para responderem, uma vez que eram questões muito específicas a respeito de cada criança. Também serão descritos alguns aspectos sobre a forma como preencheram o roteiro.

Ao receber o roteiro, as três professoras disponibilizaram-se prontamente a responder. V1, que faria só o de uma criança, demorou um mês para entregá-lo porque queria

> [...] *fazer bem devagar, tomando a criança individualmente e a Josi falta muito. Ontem ela veio e comecei a fazer a ficha. Foi ótimo! Eu percebi que ela já sabe contar e escrever até 69. Ela só sabia até 20. Mas ela está ativa, esperta, respondendo às perguntas. Foi muito bom!* (V1, 11/11/98).

Essa professora era a mesma que respondeu em outubro (mês anterior à aplicação do questionário) não ter observado nenhum avanço em Josi.

V2 demorou 30 dias para entregar, dizendo que as folhas haviam desaparecido e que até que as encontrou *"demorou muito"*.

V3 preencheu o roteiro de seis crianças em uma semana e entregou-me com a seguinte observação: *"eu fiz, fui mais direta. Não entrei muito em detalhes"*.

Os itens referentes ao tópico B (expressões socioafetivas) foram os mais detalhados pelas professoras, de modo que elas não disseram apenas "sim" ou "não", mas sempre acrescentaram alguma observação a respeito do comportamento da criança. Um exemplo disso foi a resposta de V2 sobre Ed, referindo-se ao item *Seu aluno está sempre olhando os trabalhos do colega, antes de fazer o próprio?* Segundo essa professora, a resposta foi *"Não. Só quer fazer sozinho. Detesta que mande fazer com outro colega"*. A mesma professora, além de colocar observações sobre o comportamento das crianças em quase todos os itens desse tópico, ainda preencheu o tópico C (outros aspectos não contemplados), acrescentando características socioafetivas das crianças.

Quanto ao tópico A (construção dos conceitos matemáticos), o item 1 desse tópico perguntava *Seu aluno sabe contar, fazendo correspondências biunívocas? Até quanto?* V1 preencheu, detalhadamente, que sua aluna *"apresentou dúvidas nas dezenas inteiras e contou até 69"*. Já a professora V2 respondeu até 100 para as crianças *"mais desenvolvidas"* e *"acho que até 10"* para as *"menos desenvolvidas"*. Um dia, antes da entrega do roteiro, percebi que V3 estava dando explicação sobre o significado do termo "correspondências biunívocas". Já a professora V2, apesar de ter me consultado sobre o significado desse termo, inverteu as respostas. Para as crianças que ainda não haviam construído a noção, respondeu "sim". Para as que já haviam construído, respondeu "não". Devo considerar que era um conceito em construção para ela, e certamente ela procuraria pesquisar mais sobre a formação do conceito de número.

A análise desses roteiros permitiu que se chegasse a uma conclusão importante: na escola "Vida", ficou explícito o interesse de professores e demais profissionais por manter uma relação de afetividade com as crianças, além de buscar compreender o seu desenvolvimento emocional. Isso era muito positivo porque a preocupação em manter um bom padrão relacional já abria portas para as aprendizagens de conteúdos. Entretanto, tanto os professores como os demais profissionais da área pedagógica demonstraram pouco conhecimento sobre o desenvolvimento cognitivo de seus alunos.

As expressões de ansiedade e intranquilidade, fortemente verificadas no grupo, não explicavam por si só a não apropriação de conhecimentos por aquelas crianças. Elas eram apenas um aspecto entre os tantos que têm origem na falta de práticas pedagógicas centradas em situações significativas e em uma constante reflexão sobre essas práticas. Seria preciso um projeto de formação continuada com ênfase no desenvolvimento intelectual e na construção de conceitos em sua globalidade.

Essas ideias apenas desmistificam uma das teses usadas frequentemente na fala dos professores de que as crianças não aprendem devido às suas "carências afetivas". Ressalto, nesse caso, a grande importância do trabalho escolar no tocante à capacidade de análise e conhecimento das crianças, relativamente a seus processos cognitivos e à forma como se apropriam dos conhecimentos científicos veiculados pela escola. O exemplo da professora V2, que em outubro respondeu não ter verificado avanços em Josi e, em novembro, descreveu vários conhecimentos já apropriados após um minucioso preenchimento do roteiro, apenas comprova essa urgente necessidade de a escola aperfeiçoar suas estratégias de avaliação e acompanhamento, tendo em vista o desenvolvimento das crianças, além, é claro, de melhores maneiras de ensinar.

CAPÍTULO 9

CONSIDERAÇÕES FINAIS

> *Quando eu falei para Lídia que estávamos terminando nossos encontros, perguntei-lhe se tinha algo a dizer. Ela, séria como sempre, mas muito segura, disse: "Tenho" — apertou os lábios, desviou o olhar, mexeu-se na cadeira: "Eu gosto muito de você".*
>
> (Diário de campo, 02101/09)

A *superação* da escola enquanto tempo-espaço institucionalizante da opressão e exclusão das camadas mais pobres da sociedade perpassa, necessariamente, o repensar de suas práticas, objetivos, atividades e ideias de homem, sociedade e educação. O momento presente exige que todos nós, educadores, nos coloquemos como mediadores de novas construções, visando à cultura da paz, da sustentabilidade e da dignidade humana para todos.

Reafirma-se a opção pela escola pública, lugar democratizante, nesse movimento sociotransformador. Ao professor cabe acreditar em seu potencial e assumir as próprias competências, apropriando-se do seu primeiro objeto de conhecimento: promover a aprendizagem em um contexto de valorização dos sujeitos aprendizes, considerando a sua cultura e autonomia intelectual e social.

As concepções veiculadas nas escolas públicas necessitam passar por reformulações a respeito das "dificuldades de aprendizagem", tendo em vista a complexidade que envolve tal conceito. Esse fator precisa ser analisado tendo como ponto de partida a concepção de todos os educandos enquanto aprendizes. Trata-se de um olhar que muda substancialmente as relações com o ensino e a aprendizagem dessas crianças porque diminui a importância atribuída aos rótulos e às justificativas, muitas vezes infundadas, sobre o porquê de as crianças não aprenderem. Sem essa reformulação por parte da escola, nem a resolução de problemas ou qualquer outra atividade mediadora provocará mudanças efetivas na construção de conhecimentos científicos por parte dos alunos.

Partindo desse pressuposto, a escola poderia investir no aperfeiçoamento de seus instrumentos de avaliação, em que pese um acompanhamento detalhado do desenvolvimento das crianças na construção dos conceitos científicos. Só assim os professores conseguirão intervir na superação dos níveis mais elementares em busca de níveis mais complexos de apropriação dos conhecimentos matemáticos. Um simples roteiro de avaliação mais detalhado ajudou as professoras da escola "Vida" a melhorarem seus conhecimentos sobre aquelas crianças e suas formas de aprender.

Esses instrumentos mais efetivos de avaliação também poderiam fornecer informações a respeito de crianças, tendo em vista suas singularidades e características socioafetivas, determinantes na forma de apropriação dos conhecimentos. Ilustram essas ideias os casos de Dido, no qual a excessiva sobreposição do processo emocional de fato o impedia de avançar na aprendizagem; e de Ed e Sílvia, nos quais certas "deficiências" de ordem sensorial dificultavam a apropriação dos símbolos.

Uma outra consideração é a de que as práticas pedagógicas na escola "Vida" precisariam ser repensadas e reformuladas. Considero como parte dessa reformulação as seguintes alternativas: a transformação das práticas de alfabetização, tanto em Matemática como em língua escrita, em vivências de conteúdos significativos, tendo sobretudo a linguagem, em suas diversas formas, como mediadora dos processos de aprendizagem; a reflexão contínua por parte da escola sobre estratégias de trabalho (tanto com as crianças como com seus pais) que ultrapassassem os limites do assistencialismo e possibilitassem uma leitura crítica da realidade, tendo em vista o contexto de exploração e exclusão no qual os alunos estavam inseridos. Isso teria que fazer parte do cotidiano das atividades pedagógicas.

Com relação à intervenção em si, considero, com base na leitura dos dados, que ela foi positiva por fazer as crianças avançarem de um nível real, referente à não resolução de nenhum tipo de problema, a um estágio potencial de resolução, envolvendo problemas de composição de quantidades, relações estáticas e de transformação, com uma parte das crianças lidando com quantidades maiores que 10 e a outra com quantidades menores. Além disso, considero, por meio de minhas observações e do depoimento dos pais e professores, avanços relacionados ao crescimento socioafetivo. Além de se expressarem com mais espontaneidade, as crianças passaram a trabalhar integradas (meninos e meninas), mostrando-se mais autoconfiantes e felizes.

O contexto no qual se constituía a experiência de vida das crianças revelou formas diferenciadas de organização familiar, inseridas em situações concretas, em que se sobrepunham o desemprego ou o subemprego, a violência e o alcoolismo. Isso determinava características específicas de construção de suas subjetividades.

E ainda, as vivências restritas com o mundo das letras e dos números no contexto familiar colocavam a escola como o principal elo dinamizador na construção dos conhecimentos formais. A despeito disso, as crianças mostraram-se capazes de aprender. Não basta, pois, que a escola tome consciência dessa realidade. É necessário tratá-la de modo a possibilitar o diálogo permanente, em seu interior, a respeito das causas de todos os problemas e das possíveis alternativas para a sua *superação*.

Outro aspecto diz respeito à importância da construção do conceito de número na apropriação das estruturas aditivas do pensamento e, provavelmente, em todos os demais conhecimentos matemáticos. Ao ampliarem suas concepções sobre as noções de quantidade, correspondências, relações parte-todo, entre outras, as crianças foram também avançando na resolução dos problemas. E a construção dessas noções está condicionada a uma série de práticas pedagógicas pautadas no constante trabalho em grupo, em que não se exclui, mas se reafirma a importância da intervenção do professor, tendo em vista o diálogo como estruturador do pensamento e das ações.

A mediação por parte dos jogos tendia a possibilitar às crianças momentos de contato com situações significativas, a partir das quais decorreu a construção das operações matemáticas. Em consequência, a apropriação dos símbolos tornou-se possível para muitos.

As *situações*, os *invariantes operatórios* e as *representações*, enquanto elementos envolvidos na construção dos conceitos matemáticos, foram o ponto de partida na elaboração das atividades. Nisso consiste uma das grandes contribuições de Vergnaud. Mas é fundamental que sejam dadas às crianças oportunidades de criarem seus próprios algoritmos, além do contato com as notações formais, em um movimento constante entre valorização de registros de processos de pensamento e contato com conteúdos formais.

Para finalizar, eu não poderia deixar de mencionar uma das limitações do trabalho. O fato de as atividades serem desenvolvidas com as crianças apenas duas vezes por semana descaracterizou-as, em certos momentos, enquanto integradoras e contextualizadoras.

Em sala de aula, o trabalho contínuo permite maior integração entre os conteúdos, além de oferecer mais tempo e oportunidade de vivências efetivamente significativas. Essa constatação, embora reafirme a supremacia do trabalho em sala de aula na solução das "dificuldades de aprendizagem" em turmas regulares, não elimina a ideia de que qualquer intervenção psicopedagógica que pretenda contribuir com o aperfeiçoamento das práticas realizadas na escola, superando a dimensão da crítica, tem um lugar de destaque. Algumas crianças necessitam de apoio mais individualizado, em tempos-espaços fora da sala de aula, sem discriminações ou preconceitos, como exaustivamente colocado neste trabalho.

A superação da crítica ficou bastante evidenciada com base em minhas experiências como "pesquisadora-professora", por meio das quais vivenciei a própria contradição de não conseguir — e em alguns momentos superar — na prática, constatações já superadas em nível teórico. Entretanto, são essas contradições e esse dinamismo da vida cotidiana que conferem significado ao trabalho docente. A sala de aula é um lugar em que o pulsar das crianças, suas conversações, sua inquietude e, sobretudo, suas diferenças é que desafiam o professor na tarefa primeira de favorecer aprendizagens novas.

Evidencia-se, assim, o urgente e necessário comprometimento dos educadores com as crianças em cujos contextos o acesso à cultura escolar é menor, assim como o olhar cada vez mais atento às experiências culturais trazidas por elas, suas capacidades de compreensão da realidade e formas particulares de pensar sobre os objetos do conhecimento.

REFERÊNCIAS

ANDRÉ, M. E. A. de. *Etnografia da prática escolar*. Campinas: Papirus, 1995. (Série Práticas Pedagógicas).

ARANHA, M. L. A. *História da educação*. São Paulo: Moderna, 1996.

ARAÚJO, V. C. de. *Criança*: do reino da necessidade ao reino da liberdade. Vitória: Ediufes, 1996.

ARITHMETICA elementar prática: coleção de regras, exercícios e problemas. São Leopoldo: Selbach, 1927.

BARRETO, E. S. S. Os ciclos escolares: elementos de uma trajetória. *Cadernos de Pesquisa*, São Paulo, n. 108, p. 27-48, nov. 1999.

BARBIER, R. *A pesquisa-ação na instituição educativa*. Rio de Janeiro: Jorge Zahar, 1985.

BRASIL. Ministério da Saúde. Disponível em: https://bvsms.saude.gov.br/ansiedade. Biblioteca Virtual em Saúde. Acesso em: 19 maio 2023.

CARRAHER, T. *Crianças fazendo matemática*. Porto Alegre: AM, 1997.

COLLARES, C. A. L.; MOYSÉS, M. A. A. *Preconceitos no cotidiano escolar*: ensino e medicalização. São Paulo: Cortez, 1996.

COLLARES, C. A. L.; MOYSÉS, M. A. A. Controle e medicalização na infância. *Desidades*, Rio de Janeiro, v. 1, n. 1, dez. 2013. Disponível em: https://revistas.ufrj.br/index.php/desidades/article/view/2456 PDF.1. Acesso em: 16 abr. 2023.

COLLARES, C. A. L.; MOYSÉS, M. A. A. Novos modos de vigiar, novos modos de punir: a patologização da vida. *Revista Educação, Sociedade & Cultura*, [S.l.], n. 57, p. 31-44, 2020. Disponível em: https://www.fpce.up.pt/ciie/sites/default/files/3%20Maria%20Moyse%E2%95%A0%C3%BCs%20%26%20Ceci%E2%95%A0%C3%BClia%20Collares.pdf. Acesso em: 19 maio 2023.

COMPÊNDIO DE Arithmética para uso das aulas preliminares. 2. ed. São Paulo: Livraria Salesianas, 1920.

CORREA, J. O desenvolvimento de conceitos matemáticos. *In:* SEIDL DE MOURA, M. L.; CORREA, J.; SPINILO, A. (org.). *Pesquisas brasileiras em psicologia do desenvolvimento.* Rio de Janeiro: EdUERJ, 1998. p. 73-110.

DANTAS, H. A afetividade e a construção do sujeito na psicogenética de Wallon. *In:* TAILE, I. de. (org.). *Piaget, Vygotsky e Wallon*: teorias psicogenéticas em discussão. São Paulo: Summus, 1992. p. 85-100.

DANTAS, H. As fontes do erro. *In:* AQUINO, G. J. *Erro e fracasso na escola*: alternativas teóricas e práticas. São Paulo: Summus, 1997. p. 45-61.

DANYLUK, O. *Alfabetização matemática*: as primeiras manifestações da escrita infantil. Porto Alegre: Sulina, 1998.

DELORS, J. et al. *Educação*: um tesouro a descobrir. Relatório para a Unesco da Comissão Internacional sobre Educação para o século XXI, 1998.

DUMMONT, I. I. *Elementos de aritmética*: curso primário ou elementar. Rio de Janeiro: Livraria Francisco Alves, 1951.

FERNANDES, D. et al. Resolução de problemas na formação inicial de professores de matemática. Aveiro: Gráfis, 1997.

FONSECA, V. da.; MENDES, N. *Escola, escola, quem és tu?* Porto Alegre: Artes Médicas, 1987.

FRAGA, M. L. *A matemática na escola primária*: uma observação do cotidiano. São Paulo: EPU, 1988. (Temas Básicos de Educação e Ensino).

FREIRE, P. *Pedagogia da autonomia*: saberes necessários à prática educativa. 8. ed. São Paulo: Paz e Terra, 1998. (Coleção Leitura).

FREIRE, O. *Arithmetica intuitiva*: curso complementar. Rio de Janeiro: Francisco Alves, 1911.

GIOVANI, J. R.; FREITAS, O. *Matemática é com a gente*. São Paulo: FTD, 1984.

GIVIGI, R. C. N. *A produção das dificuldades de aprendizagem*: uma análise do cotidiano escolar. 1998. 96f. Dissertação (Mestrado em Educação) — Universidade Federal do Espírito Santo, Vitória, 1998.

GOMES, H. S. R. De que família vêm nossos alunos? *In:* SERBINO, L. V.; GRANDE, M. A. L. (org.). *A escola e seus alunos*: o problema da diversidade cultural. São Paulo: Editora Unesp, 1995.

GONTIJO, C. M. M. *A apropriação da linguagem escrita*. 1996. 277f. Dissertação (Mestrado em Educação) — Universidade Federal do Espírito Santo, Vitória, 1996.

IMENES, J. M. et al. *Matemática ao vivo*. São Paulo: Scipione, 1993.

BRASIL. Instituto Nacional de Estudos e Pesquisas Educacionais Anísio Teixeira 2022. Brasília, DF: Ministério da Educação. 16 dez. 2022. Disponível em: https://download.inep.gov.br/institucional/apresentacao_saeb_ideb_2021.pdf. Acesso em: 16 abr. 2023.

KAMII, C. *A criança e o número*. 3. ed. Campinas: Papirus, 1985.

KAMII, C.; LINVIGSTON, S. J. *Desvendando a aritmética*: implicações da teoria de Piaget. Campinas: Papirus, 1995.

LAJONQUIÈRE, L. de. Deficiências sensoriais e subjetividade: notas críticas à ideologia reabilitadora. *Rev. de Ciência da Educ. e Soc.*, São Paulo, Papirus, v. 48, p. 304-323, ago. 1994.

LA TAILLE, Y. de. et al. *Piaget, Vygotsky, Wallon*: teorias psicogenéticas em discussão. São Paulo: Summus, 1992.

LEONTIEV, A. *O desenvolvimento do psiquismo*. São Paulo: Moraes, [19--].

LOBO, J. S. *Primeira aritmética para meninos*. Rio de Janeiro: Globo, 1954.

LOPES, I.; TEIXEIRA, A. Aspectos afectivos da atividade matemática escolar dos alunos. *Educ. e Mat.* Évora, Lisboa, n. 39, p. 18-22, 1996.

MAGALHÃES, M. L. de. *Aprendendo matemática brincando*. Rio de Janeiro: Ao Livro Técnico, 1986.

MCLEOD, D. B. The role of affect in mathematical problem solving. In: MCLEOD, D. B.; ADAMS, B. M. *Affect and mathematical problem solving*. New York: Springer Verlag, 1989. p. 20-36.

MARCONDES, O. *Aritmética para uso dos alunos do 1º ciclo do curso médio*. São Paulo: Editora do Brasil, 1964.

MEIRELLES, M. L. *Construindo a matemática*. São Paulo: Dimensão, 1993.

MUNIZ, A. P. *Iniciação à matemática*. Rio de Janeiro: Fundação Getúlio Vargas, 1966.

NEVES, M. C. V. P. das. *Problemas de arithmetica organizados de acordo com as escolas públicas primárias*. Rio de Janeiro: Livraria e Editora de Leite Ribeiro e Maurílio, 1921.

NÓVOA, A. et al. *Reimaginar nossos futuros juntos*: um novo contrato social para a Educação. Relatório para a Unesco, da Comissão Internacional sobre os Futuros da Educação, 2022.

OLIVEIRA, M. K. O problema da afetividade em Vygotsky. *In:* LA TAILLE, Y. de. et al. *Piaget, Vygotsky, Wallon*: teorias psicogenéticas em discussão. São Paulo: Summus, 1992. p. 75-98.

OLIVEIRA, M. K. Sobre as diferenças individuais e diferenças culturais: o lugar da abordagem histórico-cultural. *In:* AQUINO, G. J. *Erro e fracasso na escola*: alternativas teóricas e práticas. São Paulo: Summus, 1997. p. 45-61.

OLIVEIRA, M. T. S. de. *O texto no contexto institucional da sala de aula*. 1994. 196f. Dissertação (Mestrado em Educação) — Universidade Federal do Espírito Santo, 1994.

PAIN, S. *Diagnóstico e tratamento das dificuldades de aprendizagem*. Porto Alegre: Artes Médicas, 1981.

PANOFSKY, C. P. et al. O desenvolvimento do discurso e dos conceitos científicos. *In: Vygotsky e a educação*. Porto Alegre: Artes Médicas, 1996. p. 245-262.

PATTO, M. H. S. *A produção do fracasso escolar*. São Paulo: T. A. Queiroz editor, 1996.

PEREIRA, M. G. et al. *Matemática*: brincando e construindo. Belo Horizonte: Lê, 1994.

PIAGET, J. *Problemas de psicologia genética*. Rio de Janeiro: Companhia Editora Forence, 1973.

PIAGET, J.; SZEMINSKA, A. *A gênese do número na criança*. 3. ed. Rio de Janeiro: Zahar, 1975.

PIAGET, J. *O nascimento da inteligência*. Rio de Janeiro: Zahar, 1978.

PINTO, A. H. *As concepções de álgebra e educação algébrica dos professores de matemática*. 1999. Dissertação (Mestrado em Educação) — Universidade Federal do Espírito Santo, Vitória, 1999.

RIBEIRO, M. I. S. A medicalização da educação na contramão das diretrizes curriculares nacionais da educação básica. *Revista entreideias*, Salvador, v. 3, n. 1, p. 13-29, jan./jun. 2014.

SANTANA, L. M. F. A resolução de problemas matemáticos nos livros didáticos: um pouco de história. *In:* SEMINÁRIO DE HISTÓRIA DA MATEMÁTICA, 3, 1999, Vitória - ES. *Anais...* Vitória: Universidade Federal do Espírito Santo, 1999. p. 566-577.

SANTOS, V. M. P. dos. *Consciência metacognitiva de futuros professores primários numa disciplina de matemática*. 1994. 21f. Dissertação (Mestrado) — Universidade Federal do Paraná, Rio de Janeiro, 1994.

SEIDL DE MOURA, M. L.; NUNES, L. (1998). A pesquisa em psicologia do desenvolvimento. *In:* SEIDL DE MOURA, M. L.; CORREA, J.; SPINILO, A. (org.). *Pesquisas brasileiras em psicologia do desenvolvimento*. Rio de Janeiro: EdUERJ. p. 33-45.

SINCLAIR, A. A notação numérica na criança. *In:* SINCLAIR, H. *et al. A produção de notações na criança*. São Paulo: Cortez, 1990. p. 71-96. (Coleção Educação Contemporânea).

SNYDERS, G. *Alunos felizes*: reflexão sobre a alegria na escola, a partir de textos literários. Rio de Janeiro: Paz e Terra, 1993.

STANGE, N. T. B. *A mediação pedagógica na apropriação da linguagem escrita*. 1998. 240f. Dissertação (Mestrado em Educação) — Universidade Federal do Espírito Santo, Vitória, 1998.

SZTAJN, P. Resolução de problemas, formação de conceitos matemáticos e outras janelas que se abrem. *Educ. Ver.*, Belo Horizonte, v. 20, p. 109-122, dez./jun. 1997.

FUNDO DAS NAÇÕES UNIDAS PARA A INFÂNCIA. *Enfrentamento da cultura do fracasso escolar*: reprovação, abandono e distorção idade-série. Disponível em: https://www.unicef.org/brazil/. Acesso em: 16 abr. 2023.

VALE, I. Desempenhos e concepções de futuros professores de matemática na resolução de problemas. *In:* DOMINGOS, F. (org.). Resolução de problemas na formação inicial de professores de matemática. Lisboa, 1997.

VASCONCELLOS, V. M. R. de; CIVILETTI, M. V. P. Psicologia e Desenvolvimento Sociocognitivo no Brasil. *In:* SEIDL DE MOURA, M. L.; CORREA, J.; SPINILO,

A. (org). *Pesquisas brasileiras em psicologia do desenvolvimento*. Rio de Janeiro: Editora UERJ, 1998. p. 48-72.

VER, R. V. D.; VALSINER, J. *Vygotsky, uma síntese*. São Paulo: Loyola, 1997.

VERGNAUD, G. Teoria dos campos conceituais. *In*: SEMINÁRIO INTERNACIONAL DE EDUCAÇÃO MATEMÁTICA, 1., 1993, Rio de Janeiro. *Anais...* Rio de Janeiro: [s.n.], 1993. p. 1-16.

VERGNAUD, G. A classification of cognitive and operations of thought involved in addition and subtraction problems. *In:* CARPENTER, T. M. *Addiction and subtraction on a cognitive perspective*. New Jersey: Laurence Erbaun, 1982. p. 39-59.

VITÓRIA (ES). Resolução COMEV, n. 1/2014. Fixa as normas da organização e funcionamento do ciclo inicial de aprendizagem do ensino fundamental. *Vitória*: Prefeitura Municipal de Vitória. Conselho Municipal de Vitória. ano 14, n. 019, 12 mar. 2014. Disponível em: https://docplayer.com.br/8447606-Prefeitura-municipal-de-vitoria-secretaria-municipal-de-educacao-resolucao-comev-no-01-2014.html. Acesso em: 16 abr. 2023.

VITÓRIA (ES). *Regimento Interno Funcional da Escola de 1º Grau Maria José Costa Moraes*. 1997/1998.

VIGOTSKI, L. S. *O desenvolvimento psicológico na infância*. São Paulo: Martins Fontes, 1998.

VYGOTSKI, L. S. *A formação social da mente*. São Paulo: Martins Fontes, 1986.

VYGOTSKY, L. S. *Pensamento e linguagem*. São Paulo: Martins Fontes, 1993.